РАССКАЗЫ ИЗ СЕГОДНЯШНЕЙ РОССИИ

# STORIES FROM TODAY'S RUSSIA

## A Reader for Intermediate Students of Russian

Ludmila Derevyanchenko • Ludmila Tschakh •
Svetlana Kokoryshkina

**National Textbook Company**
**NTC** a division of *NTC Publishing Group* • Lincolnwood, Illinois USA

## Credits

Photos of Saint Petersburg by permission of Mr. Yuri Ledin.
Drawings by permission of *Sputnik Magazine*.

# СОДЕРЖАНИЕ

Preface................................................... v

## Каникулы в Петербурге ✓

Дом с башенкой................................ 1
День пе́рвый.................................. 5
Та́нины тру́дности..........................10
Знако́мство продолжа́ется ............12
Понеде́льник — день тяжёлый ........14
Нико́ль и Серге́й...........................15
Та́ня рабо́тает...............................21
Та́ня протесту́ет...........................22
Пу́шкин.......................................23
Та́ня исчеза́ет...............................26
В общежи́тии.................................29
Та́ня и Серге́й...............................31

## Медбедь и Девочка

От а́втора....................................33
В зоопа́рке....................................33
В го́роде Нори́льске........................35
На о́строве Чамп............................38
В кварти́ре....................................48
Расстава́ние..................................50
Эпило́г.........................................52

## Без Попугая и Пятницы

Где я?..........................................53
Вода́! Где-то вода́?! .......................54
На горе́ .......................................55

Вот что случи́лось в ту ночь.................56

Сара́нки.................57

Шала́ш.................58

Что выбра́сывает мо́ре.................58

Пала́тка.................59

Ди́кий лук.................60

Как добы́ть ого́нь?.................61

Дождь и го́лод.................62

Ма́ма.................63

Удочка.................64

Ми́дии.................64

Рыба́лка.................66

Мой бе́дный оте́ц.................66

Одино́чество.................67

Та́ня Нефёдова.................68

Сигна́л.................69

Урага́н.................69

Боле́знь.................71

Встава́й!.................71

# Preface

*Stories from Today's Russia* is a collection of three tales created especially for intermediate students of Russian by a trio of contemporary Russian-language authors: Ludmila Derevyanchenko, Ludmila Tschakh, and Svetlana Kokoryshkina. Each in its own way, these stories reflect life as lived by Russians in our own day.

In **Каникулы в Петербурге** (Holiday in Saint Petersburg), a foreign student visits her Russian penpal in Russia's second largest city. Through the eyes of the visitor, we discover much about the city's colorful history and elegant architecture. The teenage hostess also discovers some important truths about life, family, and relationships. This delightful story leaves us with a happy (and romantic) ending.

**Медбедь и Девочка** (The Polar Bear and the Little Girl) tells an unusual, but true, story of a polar bear's life with a family of Russian scientists. The family raises the cub, hoping someday to release it in the wild. Actual photographs accompany the text, adding interest to an already engaging tale.

"What if I am not found? What if they have already given up searching for me?" These questions gnaw at Sasha in **Без Попугая и Пятницы** (Without Parrot and Friday). This true-life story recounts the young man's Crusoe-like struggle against hunger, thirst, and cold on a deserted polar island.

The colorful narratives in *Stories from Today's Russia* are designed to intrigue readers as they catch glimpses of life in the new Russia. The stories will also encourage them to pursue further readings in Russian.

# КАНИКУЛЫ В ПЕТЕРБУРГЕ

Людмила Деревянченко

## Дом с башенкой

Таню разбудил солнечный луч. Она открыла глаза и удивилась — вместо привычных голубых гардин — синее небо в небольшом окне, вместо белого потолка — высокий купол. "Ах да, башенка!" — вспомнила Таня и улыбнулась. Часы показывали половину седьмого — вставать ещё рано. Но спать уже не хотелось. Рядом на соседнем матраце спала Николь. Гостья из Германии приехала вчера вечером.

Таня с удовольствием осмотрела маленькую комнату, которую она весь вчерашний день приводила в порядок.[1] "И почему я не подумала о башенке сразу?" — удивилась она. — "Ведь это главная достопримечательность[2] нашего дома". Таня любила свой дом — высокий тёмный дом старого Петербурга с маленькой башенкой наверху. И самое замечательное, что лестница в башню вела именно из Таниной квартиры.

Когда-то давно в этом доме жил известный петербургский художник, дед Таниной матери. На четвёртом этаже была его квартира, на пятом — мастерская. Через высокие окна были видны купола Преображенского собора[3] и Таврический сад.[4] Позднее квартира стала "коммунальной"[5] — в ней жили три разных семьи. Танина семья занимала всего две комнаты. Из-за этого-то и

Infinitives of verbs are given in order of imperfective/perfective aspect.

[1]приводить/привести в порядок to tidy up — [2]достопримечательность sight, place of interest — [3]Преображенский собор The Cathedral of the Transfiguration — [4]Таврический сад one of the largest parks in St. Petersburg, named in honor of Baron Potemkin Tavricheski — [5]"коммунальная" квартира Large communal apartments were common in the Soviet era. Typically, many families would live in one apartment, sharing a kitchen and bathroom.

возни́кли[6] тру́дности. От Та́ниной подру́ги из Герма́нии пришло́ письмо́. Нико́ль спра́шивала, мо́жет ли она́ прие́хать в Петербу́рг на пасха́льные кани́кулы.[7] Та́ня побежа́ла к ма́тери.

— Ма́ма, хо́чешь сюрпри́з?[8]

Та́нина мать, Еле́на Никола́евна, рабо́тала экскурсово́дом, ги́дом[9] по Петербу́ргу. Ка́ждую неде́лю она́ принима́ла но́вую

---

[6]возника́ть/возни́кнуть to arise — [7]пасха́льные кани́кулы Easter vacation — [8]сюрпри́з surprise — [9]гид tourguide

группу тури́стов и води́ла её по музе́ям се́верной столи́цы, а иногда́ и е́здила с ней в Псков, Но́вгород, да́же в Москву́. До́ма она́ быва́ла ре́дко, а когда́ быва́ла, то везде́ на стола́х и шкафа́х лежа́ли кни́ги — мать гото́вилась. Вот и сейча́с она́ сказа́ла:

— Подожди́, Та́ня, я рабо́таю!

— Ма́ма, к нам е́дет Нико́ль!

— Кто? Куда́ е́дет?

— Ну, ма́ма, моя́ подру́га из Герма́нии хо́чет к нам прие́хать на кани́кулы, двена́дцатого апре́ля!

Еле́на Никола́евна наконе́ц посмотре́ла на дочь.

— Прие́хать к нам?

— Но мы ведь уже́ шесть лет перепи́сываемся, с четвёртого кла́сса, ма́ма. На́до же нам наконе́ц познако́миться.

— А где она́ бу́дет жить? В одно́й ко́мнате я и па́па, в друго́й — ты и ба́бушка. О́чень жаль, Таню́ша, но э́то невозмо́жно.

Еле́на Никола́евна сно́ва ста́ла писа́ть в свое́й тетра́ди.

— Ма́ма, дава́й поговори́м, почему́ невозмо́жно?

Та́ня оторва́ла мать от рабо́ты, и э́то бы́ло её оши́бкой. Еле́на Никола́евна положи́ла ру́чку и сказа́ла твёрдо:

— Принима́ть го́стью не так-то про́сто, Та́ня. Я и па́па о́чень за́няты, одна́ ты не спра́вишься,[10] у тебя́ и так забо́т[11] мно́го. И ме́ста у нас нет. Всё, Та́ня, я рабо́таю.

Та́ня се́ла в кре́сло и сосредото́чилась.[12] Ма́ма и па́па всегда́ за́няты, э́то поня́тно. Оте́ц рабо́тает на заво́де, за́ городом, ухо́дит ра́но, а прихо́дит по́здно. Та́нин ста́рший брат, студе́нт-архео́лог, живёт в общежи́тии.[13] Ба́бушке уже́ 85 лет, она́ почти́ не хо́дит, у неё больны́е но́ги. Че́стно говоря́, все забо́ты о до́ме и о ба́бушке уже́ давно́ лежа́ли на шестнадцатиле́тней Та́не. Оте́ц приходи́л домо́й, когда́ всё уже́ бы́ло гото́во. Мать с вели́кой неохо́той занима́лась хозя́йством. Да́же е́сли она́ что́-то гото́вила, то де́лала э́то с кни́гой в рука́х. Роди́телям о́чень повезло́,[14] что в до́ме была́ Та́ня — челове́к отве́тственный[15] и серьёзный.

Сейча́с Та́ня оби́делась на мать — она́ и сама́ прекра́сно спра́вится. Но где жить Нико́ль?

---

[10]**справля́ться/спра́виться** to manage, cope — [11]**забо́та** care, concern — [12]**сосредото́чиваться/ сосредото́читься** to concentrate — [13]**общежи́тие** dormitory — [14]**ему́ везёт, повезло́** he is lucky — [15]**отве́тственный** responsible

— Та́ня, не могу́ найти́ свои́ ста́рые ту́фли. Помоги́, пожа́луйста! — позвала́ её ба́бушка.

О Бо́же, ве́чно[16] что́-нибудь иска́ть! Та́ня автомати́чески осмотре́ла две ко́мнаты, коридо́р и ку́хню. Ту́фли исче́зли.[17] Та́ня останови́лась в коридо́ре. Взгляд её упа́л на дверь, пе́ред кото́рой она́ стоя́ла. "Ма́ма, наве́рно, отнесла́ ту́фли на ба́шенку," — поду́мала Та́ня, и влруг её осени́ло:[18]

— Ба́шенка!

Она́ бего́м[19] подняла́сь наве́рх по у́зкой винтово́й ле́стнице[20] и останови́лась на поро́ге[21] кро́шечной ко́мнаты. Когда́-то де́ти игра́ли здесь, а тепе́рь здесь лежа́ли ста́рые ве́щи. Привести́ ба́шню в поря́док, ла́мпу и обогрева́тель[22] мо́жно подключи́ть[23] злектроудлини́телями[24] — и лу́чшей ко́мнаты для го́стьи не найдёшь! Хорошо́, что уже́ весна́, и в ба́шне не так хо́лодно!

Та́ня бы́стро нашла́ ба́бушкины ту́фли и побежа́ла вниз.

В лице́ ба́бушки Та́ня неожи́данно[25] нашла́ си́льного сою́зника. Оте́ц то́же не возража́л.[26] Че́рез два дня мать вздохну́ла[27] и сказа́ла:

— Ла́дно, Татья́на, зови́ свою́ подру́гу, но принима́ть её бу́дешь сама́.

1. Расскажи́те о Та́ниной семье́.
2. Напиши́те письмо́ Та́не от и́мени Нико́ль.
3. Каки́е аргуме́нты в разгово́ре с ма́терью вы нашли́ бы на ме́сте Та́ни?
4. Что вы ду́маете о Та́ниной иде́е жить в ба́шенке?

---

[16]**О Бо́же!** Good Lord! **ве́чно** forever — [17]**исчеза́ть/исче́знуть** to disappear — [18]**её осени́ло** it dawned on her — [19]**бего́м** at a run — [20]**винтова́я ле́стница** spiral staircase — [21]**поро́г** threshold — [22]**обогрева́тель** electric heater — [23]**подключа́ть/подключи́ть** to plug in — [24]**электроудлини́тель** extension cord — [25]**неожи́данно** unexpectedly — [26]**возража́ть/возрази́ть, он не возража́л** to object, he didn't object — [27]**вздыха́ть/вздохну́ть** to sigh

# День пе́рвый

И вот Нико́ль в Петербу́рге. Суббо́та. О́чень не хо́чется идти́ в шко́лу, но предстои́т зачёт[1] по фи́зике. Буди́ть Нико́ль? Она́ так уста́ла по́сле вчера́шней доро́ги! Та́ня осторо́жно[2] вста́ла и написа́ла Нико́ль запи́ску.

Внизу́ был накры́т стол — вот удиви́тельно! Ма́ма всегда́ опа́здывает, а сего́дня — вдруг пригото́вила за́втрак! Та́ня вы́пила ко́фе и отпра́вилась в шко́лу.

Со́лнце спря́талось за облака́ми,[3] ста́ло хо́лодно и сы́ро.[4] Класс с трудо́м выжима́л[5] из себя́ зна́ния по электри́честву. Та́ня отве́тила на вопро́сы, реши́ла свою́ зада́чу и заду́малась, куда́ пойти́ в таку́ю пого́ду с Нико́ль. Ду́мая, она́ совсе́м забы́ла, где нахо́дится. Гро́мкий раздражённый[6] го́лос учи́тельницы верну́л её в класс. Из-за чего́ возни́к спор, не слы́шала.

— Ка́ждый учи́тель счита́ет, что его́ предме́т — гла́вный, — споко́йно говори́л Та́нин однокла́ссник[7] и сосе́д Серге́й. — Моя́ бу́дущая профе́ссия — исто́рия, поэ́тому на фи́зику я не могу́ тра́тить мно́го вре́мени. Э́то нелоги́чно.

— Прекрати́те[8] э́ту диску́ссию, Шу́мин. Пре́жде чем стать исто́риком, Вам на́до око́нчить шко́лу, но экза́мен по фи́зику Вы не сдади́те!

Прозвене́л[9] спаси́тельный звоно́к.

По́сле уро́ков Та́ню пойма́ла в коридо́ре её кла́ссная руководи́тельница.

— Та́ня, учи́тельница фи́зики рассказа́ла мне о конфли́кте с Серге́ем. У него́ и по други́м предме́там пробле́мы.

— Но он же собира́ется на истори́ческий, О́льга Алекса́ндровна, а с литерату́рой и исто́рией у него́ всё в поря́дке.

—Та́ня, фи́зика и матема́тика необходи́мы[10] всем. На бу́дущий год вам на́до сдава́ть экза́мены на аттеста́т зре́лости. Ты живёшь ря́дом, помоги́ ему́.

— Вы же его́ зна́ете, он не согласи́тся!

— Я на тебя́ наде́юсь. Он, ка́жется, твой друг?

— Но у меня́ сейча́с нет вре́мени! — сказа́ла Та́ня, но учи́тельница уже́ отошла́ от неё.

---

[1]**зачёт** type of important exam, graded on a pass-fail basis — [2]**осторо́жно** cautiously — [3]**о́блако** cloud — [4]**сы́ро** damp — [5]**выжима́ть/вы́жать** to squeeze — [6]**раздражённый** irritated, upset — [7]**однокла́ссник** classmate — [8]**прекраща́ть/прекрати́ть** to cease, stop — [9]**звене́ть/ прозвене́ть** to ring — [10]**необходи́мый** indispensible

Настрое́ние[11] у Та́ни испо́ртилось.[12] Серге́й не был её дру́гом. Их се́мьи жи́ли в одно́й кварти́ре, и с де́тства они́ бы́ли вме́сте — и в де́тском саду́, и во дворе́, и в шко́ле. Роди́тели Серге́я бы́ли гео́логами. Когда́ Серге́й подро́с,[13] они́ ста́ли уезжа́ть "в по́ле" на всё тёплое вре́мя го́да. "Серге́й, коне́чно, о́чень самостоя́тельный па́рень, — ду́мала Та́ня, — с 12 лет уме́ет о себе́ забо́титься,[14] но хара́ктер!" Ра́ньше они́ всегда́ игра́ли вме́сте, а пото́м два го́да наза́д он си́льно измени́лся. Почти́ весь день его́ не́ было до́ма, на вопро́сы он отвеча́л шу́тками и́ли иро́нией. Та́ню он прозва́л[15] "насе́дкой"[16] и тепе́рь они́ бы́ли вме́сте то́лько в шко́ле.

Та́ня уви́дела, что Серге́й идёт по коридо́ру и позвала́ его́:

— Ты домо́й?

— Да.

— Пойдём вме́сте.

Серге́й молча́л. Та́ня нереши́тельно начала́:

— Слу́шай, у теья́ с фи́зикой пробле́мы. Мо́жет, я тебе́ помогу́?

— С чего́ э́то ты вдруг?[17]

— Серёга, ты ведь вы́летишь из шко́лы! Мне О́льга Алекса́ндровна сказа́ла, что у тебя́ и по матема́тике "два".

---

[11]**настрое́ние** mood — [12]**по́ртиться/испо́ртиться** ruin — [13]**подраста́ть/подрасти́** to grow up — [14]**забо́титься/позабо́титься** to take care of — [15]**прозыва́ть/прозва́ть** to nickname — [16]**насе́дка** hen — [17]**С чего́ э́то ты?** Where did you get that idea?

— Óльга Алексáндровна? Какóй ты хорóший человéк, Татьяна, всем хóчешь помóчь! Давáй не бýдем об э́том. ОК? Покá!

И Сергéй исчéз за поворóтом.[18]

У Тáни бы́ло неáсное ощущéние,[19] что онá сказáла чтó-то, что егó оби́дело. "Я не понимáю егó. Со всéми таки́е слóжные отношéния.[20] Как он мóжет так?" Но Тáне хотéлось дýмать о Никóль, и онá довóльно бы́стро забы́ла э́тот неприя́тный разговóр.

Апрéльская погóда покáзывала всё, на что спосóбна — снóва свети́ло сóлнце. Дóма бы́ло ти́хо и ую́тно. Тáня вошлá в кóмнату, где жилá онá и бáбушка. Стáрый дом уцелéл[21] во врéмя войны́, и в кóмнате сохрани́лась[22] стари́нная мéбель тёмного дéрева. Дáже ками́н остáлся с прéжних времён. На стéнах — карти́ны Тáниного прáдеда.[23] Бáбушка сидéла в своём крéсле, ря́дом с ней — Никóль. Они́ смотрéли больши́е альбóмы с фотогрáфиями — семéйный архи́в.

— Э́то моя́ мать — онá учи́лась в гимнáзии Мáя[24] на Васи́льевском óстрове.[25] Здесь в углý — эмблéма гимнáзии — мáйский жук.[26] Ученикóв тóже называ́ли в шýтку мáйскими жука́ми. Гимнази́стки носи́ли тёмные плáтья с бéлыми передниками.[27]

— А э́то кто?

— А э́то мой отéц на каткé. Тогдá зимóй все ходи́ли на катóк катáться на конькáх под оркéстр. Там мои́ роди́тели и познакóмились — танцевáли вмéсте вальс на конькáх.

— А э́то мéсто я знáю, э́то Флорéнция!

— Да, мой отéц учи́лся жи́вописи[28] в Итáлии. Он был извéстный худóжник. И нáша Тáня тóже хорошó рисýет. Да вот и онá! Лáдно, Никóль, Тáня знáет все мои́ истóрии наизýсть — иди́те тепéрь гуля́ть!

Итáк,[29] Петербýрг! Нóвый гóрод покáзывать гостя́м не стóит, таки́х домóв и ýлиц сóтни[30] и ты́сячи по всей Росси́и! А вот стáрый, возни́кший[31] на тумáнных болóтах в дéльте Невы́[32] в 1703

---

[18]**поворóт** turn, *here*: corner — [19]**ощущéние** sense, feeling — [20]**отношéние** relationship — [21]**уцелéть** to remain whole — [22]**сохраня́ться/сохрани́ться** to be spared, be preserved — [23]**прáдед** great grandfather — [24]**гимнáзия Мáя** *traditional Gymnasium in St. Petersburg before the 1917 revolution.* — [25]**Васи́льевский óстров** Vasilievsky Island, *one of the islands in the Neva delta.* — [26]**жук** beetle — [27]**передник** apron — [28]**жи́вопись** painting — [29]**итáк** so! — [30]**сóтня** a hundred — [31]**возника́ть/ возни́кнуть, возни́кший** to arise, arisen (having risen) — [32]**Невá** Neva river, *flows from Lake Ladoga to the Bay of Finland.*

Храм Спаса на Крови

году — удиви́тельный и стра́нный го́род, постро́енный по прика́зу Петра́ 1. Царь ненави́дел[33] старину́ и люби́л всё но́вое. И свою́ столи́цу люби́л, вме́сте с архите́кторами составля́л пла́ны го́рода.

Нико́ль е́здила на кани́кулы во мно́гие города́ Евро́пы, и

---

[33]**ненави́деть**  to hate

Вид на Неву и Исаакиевский собор

тепе́рь хоте́ла поня́ть, чем же Петербу́рг не похо́ж на то, что она́ ви́дела. Та́ня — дочь экскурсово́да! — говори́ла без остано́вки, называ́ла имена́ архите́кторов — неме́цкие, италья́нские нмена́. И всё-таки Петербу́рг не похо́ж на европе́йские города́! Весь го́род из прямы́х ли́ний, из твёрдого, холо́дного ка́мня, стро́гий, споко́йно поднима́ет в не́бо золоты́е шпи́ли.[34] У́зкие кана́лы в тяжёлом грани́те и мно́жество[35] мосто́в. Де́вочки стоя́ли там, где пересека́ются кресто́м[36] два кана́ла. Отсю́да бы́ло ви́дно — оди́н, два . . . шесть ма́леньких, не похо́жих друг на дру́га мо́стика, насчита́ла Нико́ль.

Они́ вы́шли к Неве́. По широ́кой реке́ ме́дленно, как ле́беди, плы́ли льди́ны. На на́бережной,[37] ря́дом с Акаде́мией Худо́жеств,[38] лежа́ли два огро́мных сфи́нкса — го́сти из Дре́внего Еги́пта.[39] Широ́кая ле́стница ме́жду ни́ми вела́ вниз, где на ни́жних ступе́нях[40] река́, как на прода́жу, разложи́ла краси́вые сверка́ющие[41] льди́ны. Па́хло[42] мо́рем.

— Сего́дня ве́тер с зали́ва.[43]

— А всегда́ так хо́лодно в апре́ле? — спроси́ла Нико́ль.

— Петербу́ргская пого́да меня́ется 10 раз в день. То дождь, то со́лнце, то сно́ва ту́чи.[44] Морско́й кли́мат. И всё-таки э́то се́вер.

---

[34]**шпиль** spire — [35]**мно́жество** multitude — [36]**пересека́ться кресто́м** to intersect — [37]**на́бережная** embankment — [38]**Акаде́мия Худо́жеств** Academy of Arts — [39]**Дре́вний Еги́пет** Ancient Egypt — [40]**ступе́нь** step — [41]**сверка́ть/сверкну́ть, сверка́ющий** glitter, glittering — [42]**па́хнуть/запа́хнуть** to smell of (like) — [43]**зали́в** bay — [44]**ту́ча** raincloud

Мы ведь нахо́димся на одно́й широте́[45] с О́сло и Хе́льсинки.

Нико́ль посмотре́ла на часы́.

— Уже́ почти́ де́сять, а совсе́м светло́. Э́то бе́лые но́чи?

— Ещё не совсе́м бе́лые. В ию́не всю ночь светло́. И со́лнце пря́чется на час.

— Как хорошо́!

— Зато́[46] в декабре́ в четы́ре часа́ дня уже́ темно́, — вздохну́ла Та́ня, — Хо́лод и темнота́. Ла́дно, пойдём домо́й!

1. Что могла́ написа́ть Та́ня в запи́ске Нико́ль?
2. Согла́сны ли вы с Серге́ем в его́ спо́ре с учи́тельницей фи́зики? Почему́?
3. Почему́ прекрати́лась дру́жба ме́жду Та́ней и Серге́ем?
4. Как бы вы поступи́ли в э́той ситуа́ции на ме́сте учи́тельницы; на ме́сте Серге́я; на ме́сте Та́ни?
5. Что вы зна́ете уже́ о Петербу́рге? Что осо́бенного в э́том го́роде?

# Та́нины тру́дности

Семья́ сиде́ла за у́жином в по́лном соста́ве[1] — в го́сти пришли́ Та́нин ста́рший брат Дми́трий и его́ жена́ Мари́на. Та́ня не зря[2] волнова́лась из-за у́жина. Заме́тив де́вочек, Та́нин оте́ц ра́достно пригласи́л:

— Прошу́ за наш скро́мный[3] стол, ми́лые да́мы! Сыр и колбасу́ мы съе́ли, но есть ка́ша и чай с варе́ньем.[4] Та́ня покрасне́ла. А вдруг Нико́ль не захо́чет есть ка́шу? Но Нико́ль уже́ сиде́ла за столо́м. Че́рез три мину́ты она́ уже́ отвеча́ла на многочи́сленные вопро́сы Та́ниных ро́дственников и с удово́льствием расска́зывала, как и что едя́т в её семье́ в Герма́нии.

У́жинали до́лго. Та́нины страда́ния[5] росли́. Заче́м они́ расска́зывают Нико́ль, кака́я тяжёлая ситуа́шия в го́роде, как

---

[45]**широта́** latitude — [46]**зато́** but, however

[1]**в по́лном соста́ве** in full company — [2]**зря** in vain — [3]**скро́мный** modest — [4]**варе́нье** jam — [5]**страда́ние** suffering

трудно с продуктами и как всё дорого? Чтобы Николь знала, как трудно её принимать? Наконец, бабушка сказала:

— Поздно уже, друзья мои. Пора.

Дмитрий и Марина начали прощаться, мать взяла свою книжку, отец ушёл в другую комнату. Николь сказала:

— Я иду на башенку.

Таня осмотрела стол, вздохнула и стала собирать грязную посуду. Она привела кухню в порядок и поднялась на башенку. Николь уже легла и слушала музыку.

Преодолев смущение,[6] Таня сказала:

— Ты извини, родственники сегодня просто невозможны со своими вопросами и разговорами. Ты, наверное, устала?

— Ты что! — Николь даже села. — У тебя очень милая семья. Слушай, а как они относятся[7] к твоему другу?

— Никак, — честно ответила Таня. — У меня его просто нет.

— Как это?

— Наверное, никому не нравлюсь.

— Не может быть, — возразила Николь, — ты ведь очень хорошенькая.

— Это ты красивая.

— У меня нос . . . такой, — Николь не нашла нужного слова и показала, какой у неё нос.

Девочки посмотрели друг на друга и расхохотались.[8] Отсмеявшись,[9] Николь спросила:

— А твой сосед, о котором ты мне писала?

Таня пожала[10] плечами.

— Он стал такой колючий![11] Я не понимаю, чего он хочет. А вообще он много знает, очень интересно рассказывает. Ты с ним ещё познакомишься.


1. Почему Таня волновалась за ужнином?
2. Как Николь относится к Таниной семье, к её образу жизин?
3. Что бы вы сказали Тане на месте Николь?

---

[6]**преодолев смущение** overcoming embarrassment — [7]**относиться/отнестись** to relate to — [8]**расхохотаться** to burst out laughing — [9]**отсмеявшись** when they had finished laughing — [10]**пожимать/пожать плечами** to shrug one's shoulders — [11]**колючий** prickly

# Знакомство продолжается

Всё воскресенье девочки гуляли по городу. Таня с гордостью[1] показывала Николь все любимые места,[2] широкие площади, изящные[3] мосты и фонари,[4] величественные[5] соборы. Ей очень хотелось, чтобы подруге понравился её любимый город. Затем они пошли в Эрмитаж.[6] За один раз, конечно, невозможно осмотреть бесконечные богато украшенные[7] залы, бесчисленные картины и скульптуры. Николь удивлялась, как Таня уверенно ориентируется в этом лабиринте.

— Откуда ты всё это знаешь?

— Я здесь часто бываю, здесь и в Русском музее.[8] Я ведь рисую, а здесь — лучшая школа живописи.

— И ты будешь художником?

— Нет, я хочу стать врачом. Только поступить в медицинский институт очень трудно, — вздохнула Таня. — Там есть подготовительные курсы, я туда хожу два раза в неделю.

— А почему ты не хочешь изучать немецкий язык? Ты так хорошо говоришь по-немецки!

Вид на Неву и Эрмитаж

---

[1]**гордость** pride — [2]**любимые места, любимый город** favorite places, favorite city — [3]**изящный** delicate, elegant — [4]**фонарь** lamp — [5]**величественный** majestic — [6]**Эрмитаж** Hermitage, *the largest museum of Western art in Russia.* — [7]**украшенный** decorated — [8]**Русский музей** *museum of Russian art*

— Знаешь, я об э́том ду́мала. А тепе́рь я уже́ год подраба́тываю[9] в де́тском саду́. Убира́ю там два ра́за в неде́лю, и с малыша́ми[10] иногда́ занима́юсь. Они́ таки́е смешны́е, интере́сные! Я люблю́ с ни́ми игра́ть и разгова́ривать. Но и боле́ют они́ ча́сто, у всех на́сморк,[11] бле́дные.[12] Они́ могли́ бы быть здорове́е, е́сли их ина́че одева́ть, гуля́ть бо́льше, ну и так да́лее. Так что я хочу́ попро́бовать стать де́тским врачо́м.

Пото́м Та́ня посмотре́ла на часы́ и воскли́кнула:

— Ба́бушке же на́до де́лать масса́ж! Идём скоре́е!

Придя́ домо́й, Та́ня включи́ла телеви́зор для Нико́ль, а сама́ засуети́лась[13] по кварти́ре. До́ма никого́, кро́ме ба́бушки, не́ было, и, коне́чно, вели́кий беспоря́док.[14]

— Я тебе́ помогу́, — предложи́ла Нико́ль.

— Нет-нет, я сама́ всё бы́стро сде́лаю.

Че́рез час стол был накры́т, пришли́ Та́нины роди́тели и ста́ли расска́зывать но́вости.

Хло́пнула[15] дверь. Та́ня вы́шла в коридо́р.

— Серёжа, иди́ у́жинать с на́ми.

— Воскре́сный у́жин[16] при свеча́х[17] в благоро́дном семе́йстве?[18] Спаси́бо.

— Но ты ещё не знако́м с Нико́ль.

— Э́то европе́йская достопримеча́тельность? Хорошо́, пойдём, — неожи́данно согласи́лся Серге́й.

— А, Серёженька, ре́дкий гость. Ну, как там фи́зика? — поприве́тствовала его́ Та́нина ма́ма.

— Ничего́, тётя Ле́на, в поря́дке. — Серге́й бро́сил в Та́нину сто́рону свире́пый[19] взгляд.

— Э́то Серге́й, а э́то на́ша го́стья, Нико́ль.

Серге́й у́жинал мо́лча,[20] слу́шал оживлённый[21] разгово́р за столо́м и ко́ротко отвеча́л на вопро́сы.

1. Что бы вам хоте́лось показа́ть го́стю в ва́шем го́роде?
2. В Росси́и ну́жно сдава́ть вступи́тельные экза́мены, чтобы нача́ть учи́ться в университе́те. Как вы к э́тому отно́ситесь?

---

[9]подраба́тывать/подрабо́тать to work part-time — [10]малы́ш little child — [11]на́сморк sniffles, cold —
[12]бле́дный pale — [13]суети́ться/засуети́ться to bustle — [14]беспоря́док disorder — [15]хло́пать/хло́пнуть
to slam — [16]воскре́сный у́жин Sunday dinner — [17]при свеча́х by candlelight — [18]благоро́дное
семе́йство noble family — [19]свире́пый ferocious — [20]мо́лча silently — [21]оживлённый animated

3. В Петербурге о́чень мно́гие се́мьи живу́т в „коммуна́льных" кварти́рах. Как вы ду́маете, каки́е после́дствия э́то вызыва́ет? Есть ли в э́том что-либо положи́тельное?

# Понеде́льник — день тяжёлый

Понеде́льник начался́ с дождя́.

— Ну не везёт, — уны́ло[1] говори́ла Та́ня, когда́ собира́лась в шко́лу. — Про́сто несча́стье како́е-то.

— Я пойду́ с тобо́й. Я то́же иду́. — У Нико́ль, несмотря́ на дождь,[2] бы́ло хоро́шее настрое́ние.

— Ско́лько сего́дня уро́ков?

— Шесть.

— Идём! — Подру́га бо́дро[3] схвати́ла[4] су́мку. — Неме́цкий язы́к сего́дня есть?

— У нас ка́ждый день неме́цкий. Специа́льная же шко́ла!

— Отли́чно. Зна́чит начина́ется неде́ля встреч со знамени́тым челове́ком Нико́ль Ште́ффен, Шту́тгарт, Герма́ния.

— Ага́, мы бу́дем брать у тебя́ интервью́!

День прошёл ве́село. Нико́ль жи́во и непосре́дственно[5] болта́ла[6] с Та́ниными однокла́ссниками, расска́зывала о свое́й гимна́зии, не обраща́я внима́ния[7] на оши́бки в ру́сском языке́.

По́сле уро́ков Та́ня подошла́ к Серге́ю.

— Слу́шай, ты мог бы погуля́ть сего́дня с Нико́ль?

— А вы куда́ же, Татья́на Влади́мировна? — ирони́чески спроси́л Серге́й. — Уж не на ле́кцию ли?

— Серёжа, э́то тебе́ всё равно́, посту́пишь ты и́ли нет, а мне не всё равно́.

— Вы же с Мари́ной хо́дите. Попроси́ её записа́ть ле́кцию.

— Она́ не идёт сего́дня, занята́.

— То́лько ты никогда́ не занята́, Татья́на. Ла́дно, я-то с удово́льствием с Нико́ль погудя́ю. Она́ де́вочна весёлая и в му́зыке разбира́ется.[8]

---

[1]уны́лый doleful — [2]несмотря́ на дождь despite the rain — [3]бо́дрый hearty — [4]хвата́ть/схвати́ть to grab — [5]непосре́дственный spontaneous — [6]болта́ть to chat — [7]не обраща́я внима́ния not paying attention — [8]разбира́ться/разобра́ться to understand

1. Опиши́те, как вы себе́ представля́ете вне́шность Нико́ль и Та́ни.
2. Что вы уже́ мо́жете сказа́ть о хара́ктере Нико́ль и Та́ни?
3. Почему́ Та́ня про́сит Серге́я погуля́ть с Нико́ль?

# Нико́ль и Серге́й

Серге́й пока́зывал Никоъль Петербу́рг ина́че,[1] чем Та́ня. Он повёл её на смотрову́ю площа́дку[2] Исаа́киевского собо́ра[3] — на колонна́ду.[4] Они́ до́лго поднима́лись по винтово́й ле́стнице. Николь начала́ счита́ть ступе́ни, но на ци́фре 200 сби́лась,[5] засмея́лась и махну́ла руко́й.[6] Наверху́ бы́ло ве́трено[7] и хо́лодно, го́род лежа́л пе́ред ни́ми как в большо́й пло́ской[8] таре́лке с молоко́м, краёв таре́лки не́ было ви́дно в тума́не.

— Все стари́нные[9] города́ стро́ились от це́нтра, от гла́вной пло́щади. И у́лицы, наприме́р, в ста́рой Москве́ возника́ли стихи́йно,[10] как бы случа́йно. Там легко́ заблуди́ться.[11] А здесь — посмотри́ — луча́ми схо́дятся[12] к Адмиралте́йству[13] три дли́нных широ́ких проспе́кта. Весь Васи́льевский о́стров поделён[14] пра́вильными прямы́ми у́лицами. Они́ так и называ́ются — Пе́рвая ли́ния, Втора́я ли́ния.

— Краси́вый го́род!

— Краси́вый! Но ско́лько сто́ила э́та красота́! Го́род стои́т на боло́те. Здесь поги́бли[15] ты́сячи люде́й, как на строи́тельстве еги́петских пирами́д. И го́род ве́чно бо́рется с приро́дой. Все ре́ки оде́ты в ка́мень, как зако́ваны.[16]

— А почему́ так ма́ло дере́вьев?

— Петербу́рг — э́то архитекту́рный пейза́ж. Посмотри́, в це́нтре нет отде́льных[17] зда́ний. Они́ все как бы составля́ют оди́н акко́рд. А дере́вья? Их ста́ло ма́ло уже́ пото́м, когда́ Петербу́рг

---

[1]**ина́че** differently — [2]**смотрова́я площа́дка** viewing platform — [3]**Исаа́киевский собо́р** St. Isaac's Cathedral — [4]**колонна́да** collonade — [5]**сбива́ться/сби́ться** *here*: to lose count — [6]**маха́ть/махну́ть руко́й** to wave one's hand — [7]**ве́трено** windy — [8]**пло́ский** flat — [9]**стари́нный** old, ancient — [10]**стихи́йный** spontaneous [11]**заблужда́ться/заблуди́ться** to lose one's way — [12]**сходи́ться/сойти́сь** to come together — [13]**Адмиралте́йство** Admiralty — [14]**поделён** divided — [15]**погиба́ть/поги́бнуть** to perish — [16]**оде́ты в ка́мень, как зако́ваны** clothed in stone as if they were chained — [17]**отде́льный** separate

Адмиралтейство

на́чал бы́стро стро́иться. Столи́ца! И земля́ сто́ила до́рого. Потому́ дома́ и стоя́т вплотну́ю друг к дру́гу.[18] И ма́ленькие дворы́, как коло́дцы.[19] Но э́ти проходны́е дворы́ зато́ зна́ет ка́ждый петербу́ржец.[20] Двора́ми ходи́ть быстре́е, чем по у́лицам.

Дворы́ действи́тельно впечатли́ли[21] Нико́ль. За краси́выми фаса́дами домо́в невозмо́жно бы́ло предположи́ть[22] це́лый ряд

— [18]**вплотну́ю друг к дру́гу** up against each other — [19]**коло́дец** well — [20]**петербу́ржец** man from Petersburg — [21]**впечатля́ть/впечатли́ть** to make an impression on — [22]**предполага́ть/ предположи́ть** to suppose, imagine

соединённых ме́жду собо́й дворо́в, гря́зных и у́зких. Ничего́ прямо́го и я́сного!

Серге́й уве́ренно повора́чивал[23] то напра́во, то[24] нале́во, они́ заходи́ли в каки́е-то две́ри и вдруг сно́ва ока́зывались на у́лице.

— Как фильм про шпио́нов! — восхищённо[25] сказа́ла Нико́ль. — А отку́да ты так хорошо́ зна́ешь э́ти пути́?

— Жизнь заста́вила.[26] — засмея́лся Серге́й. — Здесь есть не́сколько неприя́тных компа́ний,[27] они́ не заслу́живают[28] внима́ния, но иногда́ встреча́ться с ни́ми не хо́чется.

— А в чём де́ло? Каки́е компа́нии? — ста́ла расспра́шивать Нико́ль.

Серге́й неохо́тно обья́снил:

— Они́ собира́ют де́ньги у ребя́т, кто зараба́тывает. Угро́зами,[29] коне́чно. А мне плати́ть им нало́ги[30] ни к чему́.[31]

— Э́то же опа́сно![32]

— Норма́льно!

— А где ты зараба́тываешь?

— По-ра́зному. — Серге́й измени́л те́му разгово́ра. — Пойдём тепе́рь к Петропа́вловской кре́пости![33]

— Э́то отсю́да стреля́ют пу́шки?[34] — спроси́ла Нико́ль, когда́ они́ по мосту́ перешли́ на За́ячий о́стров,[35] где в 1703 году́ была́ сооружена́[36] кре́пость.

— Да, ка́ждый день, в 12 часо́в дня. При Петре́ Пе́рвом стреля́ли и в 12 но́чи.

На крепостно́й стене́ Нико́ль уви́дела горизонта́льные ли́нии. Серге́й объясни́л:

— Э́то у́ровень[37] са́мых стра́шных[38] наводне́ний[39] 1824 и 1924 годо́в. Когда́ с зали́ва ду́ет штормово́й ве́тер, Нева́ вдруг выхо́дит из берего́в.

Та́нина ба́бушка расска́зывала, что в 1924 году́ поги́бло о́чень мно́го люде́й, кото́рые жи́ли в ни́жних этажа́х.[40]

---

— [23]**повора́чивать/поверну́ть** to turn — [24]**то . . . , то . . .** now . . . now — [25]**восхищённо** delightedly — [26]**жизнь заста́вила** life forced (me) — [27]**компа́ния** clique — [28]**заслу́живать/заслужи́ть** to deserve — [29]**угро́за** threat — [30]**нало́г** tax — [31]**Мне ни к чему́ . . .** There's no reason for me to . . . — [32]**опа́сно** dangerous — [33]**Петропа́вловская кре́пость** Peter and Paul Fortress — [34]**пу́шка** cannon — [35]**За́ячий о́стров** Hare Island — [36]**сооружа́ть/сооруди́ть, сооружена́** to build, built — [37]**у́ровень** level — [38]**стра́шный** awful — [39]**наводне́ние** flood — [40]**ни́жний эта́ж** lower floor

Нева

Университетская
набережная
(Академия
Художеств)

3 Васильевский остров

4 Адмиралтейство

8

7

Исаакиевски
собор

Нева

13 Финский
залив

14 Смольный собор

12 Петропавловская крепость

Нева

5 Эрмитаж

1 Таврический сад

15

2 Преображенский собор

Мост Петра Великого

6 Русский музей

11 Невский проспект

10 Гороховая Улица

Майорова

— Я чита́ла, что для защи́ты от наводне́ний в Петербу́рге постро́или да́мбу.[41]

— И погуби́ли[42] фи́нский зали́в, — сказа́л Серге́й. — Вода́ в зали́ве заста́ивается[43] и цветёт. Éсли э́то грандио́зное сооруже́ние[44] не разру́шить,[45] то ско́ро Петербу́рг бу́дет стоя́ть на огро́мном боло́те. Мы с Татья́ной ходи́ли на ми́тинг про́тив да́мбы. Но э́то бесполе́зно.[46]

Тепе́рь Нико́ль измени́ла те́му, уви́дев, как помрачне́л Серге́й:

— Расскажи́ о кре́пости!

Ве́чером Нико́ль и Серге́й верну́лись дово́льные. Серге́й повёл её себе́ в ко́мнату пока́зывать кассе́ты и кни́ги. Они́ спо́рили о но́вых музыка́льных гру́ппах и слу́шали кассе́ты, кото́рые привезла́ Нико́ль.

Нико́ль прибежа́ла в ба́шенку по́здно ве́чером, се́ла ря́дом с со́нной Та́ней и спроси́ла:

— Каки́е пла́ны на за́втра?

— Нико́ль, ты извини́, но мне за́втра по́сле шко́лы на́до в де́тский сад, к мои́м ребя́там.

— Да? Жаль, а мы идём в кино́. Серге́й меня́ пригласи́л, он зна́ет како́й-то потряса́ющий[47] фильм.

— Вот и хорошо́. Ве́чером расска́жешь?

Та́ня совсе́м[48] не счита́ла, что э́то так уж хорошо́. На друго́й день она́ с не́которой трево́гой наблюда́ла,[49] как Нико́ль подошла́ в шко́ле к Серге́ю и как ра́достно он поздоро́вался с ней. Но что де́лать!

1. Посмотри́те на ка́рту Санкт-Петербу́рга. Что вы мо́жете сказа́ть о расположе́нии го́рода, его́ планиро́вке?
2. Расскажи́те, почему́ Петербу́ргская да́мба — серьёзная экологи́ческая пробле́ма?
3. О каки́х контра́стах ва́шего го́рода вы могли́ бы рассказа́ть ва́шим гостя́м?
4. Как вы счита́ете, почему́ Серге́й не хо́чет говори́ть о том, как он зараба́тывает де́ньги?

---

[41]**да́мба** dam — [42]**губи́ть/погуби́ть** to ruin — [43]**заста́иваться/застоя́ться** to stagnate — [44]**сооруже́ние** structure — [45]**разруша́ть/разру́шить** to destroy — [46]**бесполе́зно** useless — [47]**потряса́ющий** terrific — [48]**совсе́м** absolutely — [49]**наблюда́ть** to watch, observe

# Та́ня рабо́тает

Та́ня прошла́ че́рез двор, пря́чась[1] от холо́дного ве́тра и откры́ла дверь де́тского са́да.

— Та́ня пришла́! Ты бу́дешь сего́дня расска́зывать? — окружи́ли[2] её де́ти.

Молода́я воспита́тельница[3] приве́тливо[4] поздоро́валась с Та́ней. По вто́рникам и четверга́м у неё бы́ло обы́чно свобо́дное вре́мя. Та́ня убира́ла ко́мнаты, а пото́м до́лго игра́ла с детьми́, чита́ла им ска́зки. "Сего́дня бы́ло бы хорошо́ бы́стро убра́ть и уйти́", — поду́мала доброво́льная помо́щница.[5] Но де́ти пры́гали[6] вокру́г неё с ра́достным ожида́нием,[7] и она́ сдала́сь.[8]

— Снача́ла приведём ко́мнату в поря́док, а пото́м бу́дем чита́ть, — стро́го[9] сказа́ла Та́ня. — Ма́ша, неме́дленно причеши́сь!

Де́ти ста́ли собира́ть игру́шки, Та́ня начала́ рабо́тать.

Судьба́[10] была́ я́вно[11] про́тив Та́ни. Ве́чером зазвони́л телефо́н. Та́ня сняла́ тру́бку:

— Алло́.

— Та́нечка, э́то я. — Говори́ла знако́мая ма́тери. — У нас о́чень тру́дная ситуа́ция. Ми́ша пло́хо себя́ чу́вствует, а я по́сле обе́да не могу́ с ним оста́ться. Помоги́!

— Мину́тку. — Та́ня отве́тила на вопроси́тельный взгляд ба́бушки. — У Ве́ры бо́лен ребёнок.

— Откажи́сь![12] — сказа́ла ба́бушка. — У тебя́ же го́стья.

— По-мо́ему, го́стье и без меня́ хорошо́, — ирони́чески отве́тила вну́чка.

— А тебе́? — спроси́ла ба́бушка, но Та́ня её уже́ не слы́шала.

В четве́рг у Та́ни сно́ва бы́ли ку́рсы в институ́те, в пя́тницу — де́тский сад. Нико́ль она́ ви́дела то́лько в шко́ле, по́сле уро́ков они́ вме́сте с Серге́ем исчеза́ли. Они́ возвраща́лись по́здно ве́чером и у́жинали на ку́хне. Нико́ль восхищённо расска́зывала о свои́х впечатле́ниях,[13] Серге́й вопроси́тельно-ирони́чески смотре́л на свою́ уста́лую сосе́дку. Та́ня бы скоре́е умерла́, чем показа́ла, что у неё плохо́е настрое́ние. Она́ продолжа́ла занима́ться хозя́йством, ходи́ла

---

[1]**пря́таться/спря́таться, пря́чась** to hide, hiding — [2]**окружа́ть/окружи́ть** to surround — [3]**воспита́тельница** nurse, nursery school teacher — [4]**приве́тливый** friendly — [5]**доброво́льная помо́щница** volunteer helper — [6]**пры́гать/пры́гнуть** to hop — [7]**ожида́ние** expectation — [8]**сдава́ться/сда́ться** to surrender — [9]**стро́гий** stern — [10]**судьба́** fate — [11]**я́вный** clear — [12]**отка́зываться/отказа́ться** to refuse — [13]**впечатле́ние** impression

по магазинам, готовила еду. Вечером она с улыбкой рассказывала, какой увлекательный[14] у неё был день. Гроза разразилась[15] в субботу утром.

1. Расскажите о том, что делает Таня в течение недели.
2. Почему Таня не говорит о своих трудностях откровенно?
3. Как бы вы спланировали своё время на её месте?

# Таня протестует

Таня спустилась в кухню, где уже начали завтрак Сергей и Николь. Он теперь завтракал вместе с ними.

— Таня, поедем сейчас в Пушкин.[1] Погода прекрасная, Пойдём в Лицей,[2] покажем Николь парки. Можно покататься на лодках!

— У нас же сегодня химия, Серёжа. Химичка[3] давно грозилась[4] с тебя голову снять, если ты ещё хоть раз[5] прогуляешь![6]

— Слушай, сегодня ведь выходной день. Она не имеет права в субботу делать занятия.

— Но ведь все ходят!

— В общем, ты идёшь на химию. Ладно, тогда до встречи. Пойдём, Николь, — сказал Сергей и встал из-за стола.

Николь нерешительно посмотрела на Таню:

— А это обязательно, этот урок?

— Пойдём, пойдём, конечно, обязательно, она должна идти, — торопил[7] Сергей.

— А ты?

— Это моё дело, мне химия не так нужна, как Тане.

Тане хотелось крикнуть, что дело не в химии, что в Пушкин можно поехать и после школы, и завтра! Но она заставила себя улыбнуться и сказала:

---

[14]**увлекательный** fascinating — [15]**гроза разразилась** a thunderstorm struck
[1]**Пушкин** Pushkin (*formerly Tsarkoye Selo*), *the suburban residence of the Tsars.* — [2]**Лицей** Lyceum *former school for children of the nobility in Tsarskoye Selo.* — [3]**химичка** chemistry teacher (*slang*) — [4]**грозиться** to threaten — [5]**хоть раз** *here:* even once more — [6]**прогуливать/прогулять** *here:* to miss class — [7]**торопить/поторопить** to rush

— У меня́ ещё мно́го дел сего́дня, Нико́ль, поезжа́йте! То́лько бы они́ скоре́й ушли́! Та́ня сдержа́ла[8] слёзы[9] н пошла́ в шко́лу.

Она́ да́же че́стно занима́лась хи́мией. По́сле уро́ка учи́тельница останови́лась ря́дом с Та́ниной па́ртой и сказа́ла:

— Серге́я Шу́мина опя́ть нет! Та́ня, почему́ ты с ним не поговори́шь? Ведь вы живёте ря́дом, помоги́ ему́!

Учи́тельница хи́мии была́ нема́ло удивлена́, когда́ ти́хая и всегда́ ве́жливая[10] Та́ня Васи́льева отве́тила ей свире́пым взгля́дом, схвати́ла су́мку и вы́бежала из кла́сса. Та́нины однокла́ссники с любопы́тством[11] обсужда́ли, что же произошло́.[12]

Та́ня верну́лась домо́й с наде́ждой, что мать ещё не ушла́. Ей хоте́лось про́сто сесть ря́дом с ма́терью и всё рассказа́ть. Но, коне́чно, до́ма была́ одна́ ба́бушка, она́ дрема́ла[13] над кни́гой. На столе́ и на полу́ ку́чами лежа́ли кни́ги и тетра́ди — мать, наве́рное, иска́ла како́й-нибудь свой конспе́кт.[14] На ку́хне — гора́ гря́зной посу́ды. Сосе́дка стро́го спроси́ла:

— Та́ня, так ва́ши таре́лки и бу́дут лежа́ть? Мне меша́ет!

Но Та́ня продолжа́ла быть неве́жливой. Она́ мо́лча прошла́ ми́мо, взяла́ плащ, су́мку и вы́шла из кварти́ры. Всю́ду грязь и беспоря́док.

Хва́тит.[15] Её э́то бо́льше не каса́ется.[16]

1. Кака́я ситуа́ция возника́ет в суббо́ту у́тром?
2. Опиши́те состоя́ние Та́ни.
3. Быва́ют ли у вас в шко́ле дополни́тельные заня́тия? Как вы отно́ситесь к ним?
4. Ва́ше отноше́ние к де́йствиям Та́ни, Серге́я, Нико́ль?

# Пу́шкин

Пу́шкин, бы́вшее Ца́рское Село́, впечатли́л Нико́ль. Полчаса́ езды́ от огро́много, шу́много го́рода, и они́ оказа́лись среди́ ти́хого па́рка. Люде́й бы́ло немно́го.

---

[8]**сде́рживать/сдержа́ть** to hold back — [9]**слеза́** tear — [10]**ве́жливый** polite — [11]**с любопы́тством** with curiosity — [12]**происходи́ть/произойти́** to happen — [13]**дрема́ть/задрема́ть** to doze — [14]**конспе́кт** notes — [15]**Хва́тит.** That's enough. — [16]**Её э́то не каса́ется** That doesn't concern her.

— Сюда́ обы́чно е́здят ле́том, когда́ па́рки зелёные, и́ли зимо́й, когда́ лежи́т снег. А сейча́с листвы[1] ещё нет и мо́кро.

Они́ подошли́ к колосса́льному дворцу́.[2] Голубо́й цвет зда́ния гармони́ровал с бе́лыми коло́ннами, золоты́ми украше́ниями и купола́ми це́ркви. Роско́шные[3] за́лы, части́чно восстано́вленная[4] знамени́тая "Янта́рная ко́мната",[5] бе́лые мра́морные ле́стницы — Нико́ль восхищённо фотографи́ровала.

Зате́м они́ пошли́ в Лице́й, где в нача́ле XIX ве́ка учи́лся вели́кий ру́сский поэ́т Алекса́ндр Серге́евич Пу́шкин.

— Зна́ешь, э́то была́ шко́ла но́вого ти́па. Учёные говоря́т, что почти́ все, кто зако́нчил её, ста́ли больши́ми госуда́рственными де́ятелями[6] и́ли про́сто замеча́тельными людьми́. Здесь цари́л[7] дух[8] свобо́ды. Пу́шкина не заставля́ли занима́ться матема́тикой! Одна́жды его́ учи́тель за́дал ему́ зада́чу и спроси́л, како́й результа́т. Пу́шкин улыбну́лся и сказа́л — "нуль". — "У Вас, Пу́шкин, всё в моём кла́ссе конча́ется нулём. Сади́тесь на ме́сто и пиши́те стихи́."

Нико́ль засмея́лась:

— Да, мо́жно позави́довать![9]

— Что они́ то́лько не изуча́ли! Верхову́ю[10] езду́, та́нцы, языки́, Пу́шкин говори́л по-францу́зски так же, как и по-ру́сски, да́же писа́л стихи́ на францу́зском языке́. А пото́м его́ класс ка́ждый год собира́лся вме́сте 19 октября́. Э́то был лице́йский день. По́сле восста́ния декабри́стов[11] в 1825 году́, царь Никола́й I сосла́л[12] не́скольких бы́вших лицеи́стов[13] в Сиби́рь, в том числе́[14] бли́зкого дру́га Пу́шкина — Ива́на Пу́щина. Так они́ расста́лись.[15] Но дру́жба продолжа́лась всю жизнь. Пу́шкин оста́вил действи́тельно прекра́сные стро́ки:

---

[1]листва́ foliage — [2]дворе́ц palace — [3]роско́шный luxurious — [4]части́чно восстано́вленный partially restored — [5]"Янта́рная ко́мната" Amber Room, *in the Tsar's palace, a room built entirely of amber. During World War II the Nazis allegedly removed it; it has never been found.* — [6]де́ятель official — [7]цари́ть to reign — [8]дух spirit — [9]зави́довать/позави́довать to envy — [10]верхова́я езда́ horseback riding — [11]восста́ние декабри́стов Decembrist uprising, *an uprising of young officers and soldiers in December, 1825, against feudalism in Russia. The revolt was put down by Tsar Nicholas I, its five leaders executed and the rest exiled.* — [12]ссыла́ть/сосла́ть to exile — [13]лицеи́ст a student of the Lyceum — [14]в том числе́ among them — [15]расстава́ться/расста́ться to be parted

"Друзья́ мои́, прекра́сен наш сою́з!
Он как душа́ нераздели́м и ве́чен[16] —
Неколеби́м, свобо́ден и беспе́чен
Сраста́лся[17] он под се́нью[18] дру́жных муз.
Куда́ бы нас ни бро́сила судьби́на,
И сча́стие куда́ б не повело́,
Все те же мы: нам це́лый мир чужби́на;[19]
Оте́чество[20] нам Ца́рское Село́."

Пото́м Нико́ль и Серге́й до́лго гуля́ли по па́ркам, гля́дя на мра́морные ста́туи, ма́ленькие павильо́ны и ба́шенки, спря́тавшиеся в дере́вьях.

— Как же краси́во здесь должно́ быть ле́том! — ду́мала Нико́ль.

Серге́ю о́чень нра́вилось гуля́ть с э́той краси́вой, уве́ренной в себе́ де́вочкой. Поэ́тому он удиви́лся, когда́ Нико́ль неожи́данно и пря́мо спроси́ла:

— Серге́й, тебе́ не нра́вится Та́ня?

— Почему́ ты спра́шиваешь?

— Она́ хоте́ла сего́дня пое́хать с на́ми, а мы уе́хали одни́. Она́ после́дние дни не така́я весёлая, как снача́ла.

Русский музей и памятник А. С. Пушкину

---

[16]**нераздели́м и ве́чен/нераздели́мый и ве́чный** individible and eternal — [17]**сраста́ться/срасти́сь** to be knit together — [18]**под се́нью** under the shadow (*сень is an archaic form of* **тень**) — [19]**чужби́на** foreign land — [20]**Оте́чество** fatherland

Сергей раздражённо сказал:

— Знаешь, Николь, ей это полезно. У неё нет характера; Она не умеет говорить "нет". Её используют[21] все, кто хочет. Знаешь, как её зовут в классе? Святая мученица[22] Татьяна.

— А ты?

— А что я? Я зову её в кино — "не могу, Серёжа, надо помочь подруге." Зову гулять — "завтра физика — надо готовиться". У неё ненормальные родители, которые только работают, а она всё делает в доме одна. И делает вид,[23] что всё хорошо. И всегда одна. Одно развлечение[24] — она ходит рисовать. И тоже одна.

— Мне казалось, что ей нравилось гулять со мной по городу, — неуверенно сказала Николь.

— Вот увидишь, она и сегодня нашла себе какую-нибудь работу. Не волнуйся. А вообще, иногда я просто восхищаюсь[25] — как она всё успевает?

1. Что такое "Янтарная комната"? Что вы знаете об истории "Янтарной комнаты"?
2. Как Сергей объясняет поведение Тани? Согласны ли вы с ним?
3. Ваше мнение о школьной системе в вашей стране?
4. Опишите школу, в которой вы хотели бы учиться.

# Таня исчезает

В семь часов вечера в дом вернулась Елена Николаевна, мать Тани. Она весь день возила по городу группу из Новгорода, и они замучили[1] её вопросами. Но она была довольна. "Конечно, работать много приходится,[2] — думала она, — но всё-таки интересная работа. Столько новых, интересующихся людей." Затем мысли[3] Елены Николаевны приняли другое направление.[4] "Таня так устаёт, мы почти не говорим с ней. Надо бы помочь ей сейчас, она, наверное, готовит ужин".

---

[21]**использовать** to use — [22]**святая мученица** holy martyr — [23]**делать/сделать вид** to put on the appearance — [24]**развлечение** diversion — [25]**восхищаться/восхититься** to marvel at, to admire

[1]**мучить/замучить** to torment — [2]**приходится (работать)** one must (work) — [3]**мысль** thought — [4]**принимать/принять направление** to take a direction

В кварти́ре бы́ло неожи́данно ти́хо. Еле́на Никола́евна прошла́ в ко́мнату Та́ни и ба́бушки. Гарди́ны опу́щены,[5] в ко́мнате — полумра́к.[6]

— Ма́ма, ты почему́ сиди́шь в темноте́? Где Та́ня?

— Но́ги о́чень боля́т сего́дня, Ле́ночка. Та́ни нет, сде́лай мне масса́ж, пожа́луйста!

— Где же́ она́? А Нико́ль, Серёжа?

— Они́, наве́рное, вме́сте гуля́ют. И хорошо́ — молоды́е, пусть гуля́ют.[7]

В ко́мнату постуча́лась сосе́дка:

— Ле́на, вы́мойте, наконе́ц, посу́ду. Беспоря́док на ку́хне — гото́вить невозмо́жно.

Пришёл оте́ц, прошёл на ку́хню, верну́лся и спроси́л:

— Ле́на, а на у́жин ничего́ нет?

Мать нетерпели́во[8] сказа́ла:

Сде́лай себе́ пока́ бутербро́ды.

— Но хле́ба то́же нет!

— Так. — Сказа́ла ба́бушка. — Та́ни нет. Начала́сь катастро́фа.

— Ма́ма, оста́вь свои́ шу́тки, — не́рвно проговори́ла Еле́на Никола́евна. — Пора́ бы им уже́ и верну́ться.

— А что произошло́? У Та́ни го́стья, они́ гуля́ют вме́сте, с ни́ми молодо́й челове́к — всё в поря́дке.

— На Та́ню э́то непохо́же, — прошепта́ла[9] мать и обвела́ глаза́ми[10] беспоря́док в ко́мнате.

В де́вять часо́в хло́пнула дверь. Оте́ц и мать вы́шли в коридо́р. Появи́лись дово́льные Нико́ль и Серге́й.

— А где Та́ня? — воскли́кнула[11] Еле́на Никола́евна.

— Как? А ра́зве её нет? — удиви́лись ребя́та. — С на́ми она́ не пошла́.

Мать опусти́лась на стул и сказа́ла:

— Влади́мир, звони́ в мили́цию.

Нико́ль ти́хо сказа́ла:

— Зна́чит, она́ всё-таки оби́делась.

— На что она́ оби́лелась? Говори́, Нико́ль.

— Мы уе́хали без неё. Я ви́дела, что она́ оби́делась.

---

[5]опуска́ть/опусти́ть, опу́щенный to pull down, pulled down — [6]полумра́к half darkness — [7]пусть гуля́ют! Let them have fun! — [8]нетерпели́вый impatient — [9]шепта́ть/прошепта́ть to whisper — [10]обводи́ть/обвести́ глаза́ми to look around — [11]восклица́ть/воскли́кнуть to exclaim

— Ну, что вы поднима́ете тако́й шум?[12] — спроси́л Серге́й. — Вернётся она́, ещё то́лько 9 часо́в.

— Она́ не вернётся. — Го́лос ма́мы задрожа́л.[13] — Я свою́ дочь зна́ю.

— Хва́тит исте́рики. — Твёрдо сказа́ла ба́бушка. — Э́того сле́довало ожида́ть.[14] Ни оди́н челове́к не вы́держит тако́й нагру́зки.[15]

— Ма́ма, но ведь она́ сама́ всегда́ всё де́лала.

— Сама́, потому́ что зна́ет, что бо́льше никто́ не сде́лает. Она́ поверну́лась[16] к Серге́ю и спроси́ла: Где она́ мо́жет быть?

— Отку́да я зна́ю? Наве́рное, рису́ет где́-нибудь. Напряже́ние[17] росло́. Да́же Серге́й почу́вствовал, что начина́ет беспоко́иться. Наконе́ц, в че́тверть оди́ннадцатого в коридо́ре зазвони́л телефо́н. Говори́л Дми́трий, Та́нин брат.

— Что там у вас произошло́? То́лько что пришла́ Та́ня. Проси́ла позвони́ть вам, что́бы вы не беспоко́ились.

— Где она́ была́?!

— Не говори́т. Что вы там с ней сде́лали? Я не узнаю́ сестрёнку. Она́ така́я реши́тельная и серьёзная!

— Позови́ её к телефо́ну.

— Она́ не хо́чет па́па. Я ду́маю, её на́до сейча́с оста́вить в поко́е.[18] Оте́ц положи́л тру́бку и почеса́л го́лову.

— Ну что, друзья́, у Нико́ль о́тдых продолжа́ется, у Та́ни начался́, а у нас зако́нчился. Для нача́ла предлага́ю всё-таки пригото́вить у́жин.

Мать посмотре́ла на него́ гне́вно.[19]

— Дочь ушла́ из до́ма, на́до же что́-то де́дать!

Ба́бушка, как всегда́, оказа́лась мудре́е всех,[20] она́ и зако́нчила диску́ссию:

— За́втра позвони́м Дми́трию и узна́ем, в чём де́ло. У́тро ве́чера мудрене́е.[21]

1. Расскажи́те о профе́ссии Та́ниной ма́тери.

---

[12]**поднима́ть/подня́ть шум** to raise the alarm — [13]**дрожа́ть/задрожа́ть** to tremble — [14]**ожида́ть** to expect — [15]**нагру́зка** burden — [16]**повора́чиваться/поверну́ться** to turn — [17]**напряже́ние** tension — [18]**оставля́ть/оста́вить в поко́е** to leave in peace — [19]**гне́вный** angry — [20]**мудре́е всех /му́дрый** wiser than everyone/wise — [21]**У́тро ве́чера мудрене́е.** The morning is wiser than the evening. (*idiomatic saying*)

2. Как роди́тели реаги́руют на исчезнове́ние Та́ни?
3. Опиши́те ситуа́цию в до́ме.
4. Как бы вы поступи́ли на ме́сте Та́ни?

# В общежи́тии

Та́ня пришла́ к бра́ту в семе́йное общежи́тие замёрзшая[1] и голо́дная. На все вопро́сы она́ ко́ротко и реши́тельно сказа́ла, что домо́й возвраща́ться не собира́ется. Мари́на и Дми́трий накорми́ли[2] её, посади́ли[3] в кре́сло, укры́ли одея́лом, да́ли стака́н горя́чего ча́ю и вы́шли в коридо́р держа́ть сове́т.

— По-мо́ему, де́ло серьёзное.

— Е́сли уж Татья́на ухо́дит из до́ма . . .

— Сего́дня я могу́ лечь спать на полу́, а за́втра . . .

— Подожди́, Крыло́вы ведь в дипло́мном о́тпуске[4] и уе́хали к роди́телям на да́чу.

— Отли́чная мысль! Ты иди́ за ключо́м, а я пойду́ звони́ть роди́телям.

В воскресе́нье у́тром Та́ня проснула́сь[5] в ко́мнате Крыло́вых кото́рые так уда́чно уе́хали на да́чу. Она́ откры́ла глаза́, потяну́лась,[6] вспо́мнила пережива́ния[7] вчера́шнего дня, и постепе́нно[8] её запо́лнило ощуще́ние пра́здника.[10] "О Бо́же, кани́кулы! Настоя́щие кани́кулы!" Она́ чуть ли не[11] пе́рвый раз в жи́зни была́ одна́ в ко́мнате. Ря́дом на сту́ле лежа́ло большо́е кра́сное я́блоко — э́то Мари́на! Та́ня пры́гнула с крова́ти, взяла́ с по́лки[12] "Ма́стера и Маргари́ту" Булга́кова, откры́ла кни́гу и с удово́льствием откуси́ла[13] от я́блока большо́й кусо́к. Не на́до идти́ в магази́н, не на́до гото́вить, убира́ть и мыть! Пра́здник!

В 12 часо́в в ко́мнату постуча́л Дми́трий и пригласи́л Та́ню к столу́. Тро́е[14] молоды́х люде́й с аппети́том поза́втракали /и́ли пообе́дали?/. Пото́м Та́ню посади́ли в кре́сло, а муж и жена́ быстро

---

[1]**замёрзший** frozen — [2]**корми́ть/накорми́ть** to feed — [3]**сажа́ть/посади́ть** to set *(smb.)* down — [4]**дипло́мный о́тпуск** *time off to write one's undergraduate thesis* — [5]**просыпа́ться/просну́ться** to wake up — [6]**потя́гиваться/потяну́ться** to stretch — [7]**пережива́ния** feelings — [8]**постепе́нно** gradually — [9]**заполня́ть/запо́лнить** to fill — [10]**пра́здник** holiday — [11]**чуть ли не** . . . almost — [12]**по́лка** shelf — [13]**отку́сывать/откуси́ть** to bite off — [14]**тро́е** three *(usually of people)*

убра́ли со стола́ и вы́мыли посу́ду. Дми́трий сел ря́дом с Та́ней и сказа́л:

— Ну что, бе́глый ка́торжник,[15] что там у вас произошло́?

Мари́на и Дми́трий споко́йно и внима́тельно смотре́ли на Та́ню, и она́ в пе́рвый раз начала́ расска́зывать о том, как ей тру́дно.

— И давно́ бы к нам пришла́![16] — сказа́ла Мари́на. — Ва́ришься[17] там одна́ со свои́ми пробле́мами. Так действи́тельно с ума́ сойдёшь![18]

— И оставайся пока́ у нас. — реши́л брат. — А там посмо́трим.

В два часа́ дня в кварти́ре Васи́льевых сно́ва разда́лся телефо́нный звоно́к.

— Говори́т Дми́трий. Ну, дороги́е роди́тели, де́ло я́сное. Татья́на говори́т, что вы все на ней е́здите, и что она́ бо́льше не согла́сна так жить. И в шко́лу она́ не пойдёт, потому́ что там её заму́чили из-за Серёжки, кото́рый не занима́ется фи́зикой и хи́мией.

— Ну что ж, — сказа́л Та́нин оте́ц, положи́в тру́бку, — бу́дем спаса́ть ситуа́цию. Каки́е бу́дут предложе́ния?

— На́до распредели́ть обя́занности,[19] — отве́тила ма́ма.

— Посла́ть к Татья́не парламентёров с предложе́нием о переми́рии,[20] — пошути́л Серге́й.

— А ты, Серге́й Ви́кторович, ока́зывается, то́же винова́т,[21] — заду́мчиво[22] сказа́л оте́ц, при́стально гля́дя[23] на па́рня. — Могу́ предложи́ть по́мощь по фи́зике. А то ведь Та́ня не мо́жет ходи́ть в шко́лу.

— Карау́л![24] — закрича́л Серге́й в коми́ческом стра́хе.[25] — Вот она́ катастро́фа!

— А я могу́ помо́чь по хи́мии, — предложи́ла ма́ма, — когда́-то э́то был мой люби́мый предме́т.

Нико́ль смотре́ла то на одного́, то на друго́го и пыта́лась[26] поня́ть, кто шу́тит, а кто говори́т серьёзно.

1. Как себя́ чу́вствует Та́ня? Что она́ пережива́ет?

---

[15]**бе́глый ка́торжник** escaped convict — [16]**И давно́ бы к нам пришла́!** You should have come to us a long time ago! — [17]**вари́ться/свари́ться** to stew — [18]**так с ума́ сойдёшь.** You'll go crazy that way. — [19]**распределя́ть/распредели́ть обя́занности** to delegate responsibilities — [20]**переми́рие** truce — [21]**винова́тый** guilty — [22]**заду́мчивый** thoughtful — [23]**при́стально гля́дя** gazing intently — [24]**Карау́л!** Help! — [25]**страх** terror — [26]**пыта́ться/попыта́ться** to try

2. Что делают Танины родители?

3. Как Танин брат и его жена относятся к Таниному уходу из дома?

# Таня и Сергей

Таня действительно не пришла в школу ни в понедельник, ни во вторник. После уроков Сергей и Николь отправлялись по городу, но на душе у них было неспокойно.

Во вторник вечером Сергей проводил Николь до дома, а сам остался на улице. Он подумал немного и быстро зашагал к общежитию. Ему открыла Марина.

— А Тани нет, она взяла краски[1] и ушла.

Сергей прошёл немного парком, дошёл до стройного Смольного собора[2] и спустился к Неве. Единственное место, где берег свободен от гранита, и волны катятся по тёмному песку.[3] Здесь Сергей и увидел Таню. Она сидела на берегу, лист картона на коленях и рисовала.

Странно, но при виде этой идиллической картины Сергею не захотелось иронизировать.

— Таня, — позвал он.

Девушка обернулась.

— Привет.

Она продолжала рисовать. Сергей сел рядом. На картоне под Таниной рукой возникали отблески заката[4] на спокойной воде и мост Петра Великого на фоне[5] темнеющего[6] неба.

— Я хочу тебе сказать, Татьяна, что твой план великолепен и полностью[7] удался, — начал Сергей. — Мир преобразился.[8] Твоя мама готовит еду, отец моет посуду и ходит в магазин. В воскресенье мы все вместе убрали квартиру. А знаешь, кто делает бабушке массаж? — Николь! У неё просто талант.

Таня была полностью погружена[9] в свою работу.

Сергей пустил в ход[10] последний козырь:[11]

---

[1]**краски** paints — [2]**Смольный собор** Smolny Cathedral — [3]**песок** sand — [4]**отблески заката** reflections of the sunset — [5]**на фоне** against a background — [6]**темнеющий** darkening — [7]**полностью** entirely — [8]**преображаться/преобразиться** to be transformed

— А я сдал физику и химию. Представляешь?

К Тане вернулось чувство юмора, она звонко[12] рассмеялась.

— Не может быть! И ещё живой!

Чтобы закрепить[13] победу, Сергей быстро спросил:

— А какие планы на завтра?

Таня внимательно посмотрела на него:

— Завтра мне нужно в детский сад.

— Можем все вместе пойти!

— Ладно, — засмеялась Таня, — не притворяйся,[14] Серёжка, глаза у тебя хитрые,[15] я же вижу! Я возвращаюсь домой. Пойдём, Николь ждёт.

Они пошли по берегу. Оставались ещё пять дней каникул Николь в Петербурге.

1. Что происходит в Таниной семье?
2. Почему Таня не приходит в школу?
3. Почему Сергей идёт искать Таню?
4. Как вы думаете, что произойдёт дальше?

---

[9]**погружена** immersed — [10]**пускать/пустить в ход** to throw down, to offer — [11]**козырь** trump card — [12]**звонкий** ringing, clear — [13]**закреплять/закрепить** to secure — [14]**притворяться/притвориться** to pretend — [15]**хитрый** sly

# МЕДВЕДЬ И ДЕВОЧКА

Светлана Кокорышкина

## От áвтора

Всё, о чём расскáжет éта мáленькая кнúжечка, — настоя́щая прáвда. Герóи[1] éтой истóрии тóже настоя́щие, дáже нменá и фамúлии я не меня́ю.[2] Эта симпатúчная дрýжная семья́ живёт в Россúи. Это мои́ друзья́. Мы нéсколько лет жúли дáже в однóм дóме. Это бы́ло далекó на сéвере Сибúри, на полуóстрове Таймы́р,[3] в гóроде Норúльске.[4] В то врéмя я жилá там и рабóтала журналúсткой. И как éто чáсто бывáет в рабóте журналúста, судьбá[5] привелá меня́ к интерéсным лю́дям — Лéдиным. Мы стáли друзья́мн.

Мои́ друзья́ — биóлоги, они́ изучáли живóтный мир Сéвера и дéлали интерéсные фúльмы о прирóде и живóтных. Они́ расскáзывали лю́дям о проблéмах окружáющей среды́.[6] Как сохранúть[7] прирóду, как помóчь живóтным, что дóлжен сдéлать для прирóды человéк — вот вопрóсы, котóрые интересовáли их.

А что бы́ло с бéлым медвéдем? Не бýдем спешúть![8] Сейчáс вы сáми всё узнáете, мои́ дорогúе чúтатели.

## В зоопáрке

Бéлый медвéдь родúлся далекó от рóдины прéдков. Он родúлся на ю́ге, на берегý тёплого Чёрного мóря, в зоопáрке курóртного

---

[1]**герóй** hero — [2]**меня́ть/поменя́ть** to change — [3]**полуóстров Таймы́р** Taimyr Peninsula (in northern Siberia) — [4]**Норúльск** city of the Taimyr Peninsula — [5]**судьбá** fate — [6]**окружáющая средá** environment — [7]**сохраня́ть/сохранúть** to save, preserve — [8]**спешúть/поспешúть** to hurry

го́рода Со́чи. Медвежо́нок ве́сил[1] всего́ полкило́ — настоя́щее ма́ленькое бе́лое чу́до[2] с тремя́ чёрными то́чками вме́сто глаз и но́са!

Как э́то ча́сто быва́ет в нево́ле,[3] мелве́дица не хотела корми́ть[4] ребёнка. Рабо́тники зоопа́рка по о́череди забо́тились[5] о нём, корми́ли его́ из буты́лочки молоко́м и ры́бой. Медвежо́нок хорошо́ ел, бы́стро рос и был о́чень весёлым.

Ю́рий Я́нович Ле́дин, биолог и кинорежиссёр из го́рода Нори́льска, с жено́й и до́черью отдыха́л на берегу́ Чёрного мо́ря. Ле́дины ча́сто прихоли́ли в зоопа́рк и часа́ми наблюда́ли[6] бе́лых медве́дей.

Рабо́тники зоопа́рка зна́ли об их любви́ к Се́веру, к бе́лым медве́дям. И, коне́чно, им пе́рвым показа́ли медвежо́нка. С э́той мину́ты Ю́рий Я́нович потеря́л поко́й[7] — э́то была́ любо́вь с пе́рвого взгля́да. Всё свобо́дное вре́мя проводи́л он с медвежо́нком. Все смея́лись, что Ю́рий Я́нович был для него́ как мать.

А вре́мя шло бы́стро, конча́лся о́тпуск. И вот уже́ пора́ уезжа́ть с жа́ркого юга домо́й, на се́вер Сиби́ри, в го́род Нори́льск, где жи́ли Ле́дины. Тру́дно бы́ло расста́ться с медвежо́нком, его́ полюби́ла вся семья́: жена́ Людми́ла Петро́вна — то́же биолог, как и Ю́рий Я́нович, и их до́чь Верони́ка. Да не то́лько из-за любви́ не хоте́л расстава́ться Ю́рий Я́нович с медвежо́нком — он мечта́л[8] верну́ть его́ ди́кой приро́де. В зоопа́рке жи́ли уже́ два бе́лых медве́дя, а для тре́тьего бы́ло ма́ло ме́ста – да ещё в жа́рком кли́мате Со́чи! Ита́к, Ю́рий Я́нович получи́л разреше́ние взять медвежо́нка с собо́й. Рабо́тники зоопа́рка бы́ли ра́ды, что медвежо́нок попа́л в хоро́шие ру́ки и улета́ет на Се́вер.

В аэрофло́те пропусти́ли медвежо́нка в самолёт без биле́та. Да и о како́м биле́те говори́ть, е́сли медвежонок сиде́л в небольшо́й су́мочке Людми́лы Петро́вны! Лю́ди смотре́ли на него́ и улыба́лись. Он был ма́ленький и о́чень краси́вый. Все хоте́ли его́ потро́гать. Верони́ка игра́ла с ним, они́ уже́ ста́ли друзья́ми.

---

[1]**ве́сить** to weigh — [2]**чу́до** miracle — [3]**нево́ля** captivity — [4]**корми́ть/накорми́ть** to feed — [5]**забо́титься/позабо́титься** to care for — [6]**наблюда́ть** to observe — [7]**поко́й** peace — [8]**мечта́ть** to dream

1. Где роди́лся медвежо́нок и почему́ медве́дица не хоте́ла корми́ть
своего́ ребёнка?
2. Кто забо́тился о нём и почему́ Ле́диных интересова́л
медвежо́нок?

# В го́роде Нори́льске

Го́род Нори́льск, где жила́ семья́ Ле́диных, — необыкнове́нный[1]
го́род. Э́то оди́н из са́мых се́верных городо́в ми́ра. Го́род, о
кото́ром его́ жи́тели в шу́тку пою́т пе́сенку: „У нас двена́дцать
ме́сяцев зима́, а то, что оста́нется, э́то — на́ше поля́рное ле́то“. В
ноябре́, декабре́ и январе́ темнота́ и хо́лод ца́рствуют[2] в го́роде.
То́лько се́верное сия́ние[3] освеща́ет[4] ту́ндру, а го́род —
электри́ческие огни́. Но когда́ пото́м в феврале́ появля́ется со́лнце,
э́то большо́й пра́здник[5] на Кра́йнем Се́вере. Он так и называ́ется —
Пра́здник Со́лнца.

До́лгие ме́сяцы лю́ди жи́ли без со́лнца, жда́ли его́. Снача́ла
со́лнце пока́зывает свои́ пе́рвые лучи́ и бы́стро исчеза́ет.[6] Оно́,
коне́чно, ещё не даёт тепло́, но све́тит. Ка́ждый день со́лнце
поднима́ется вы́ше от горизо́нта и све́тит до́льше. Ему́ ра́ды
взро́слые и де́ти. А дете́й в Нори́льске о́чень мно́го. Три́ста ты́сяч
жи́телей в го́роде, почти́ сто ты́сяч — де́ти.

Э́то не потому́, что в ка́ждой семье́ мно́го дете́й, ча́сто
то́лько оди́н ребёнок. Кли́мат здесь о́чень тру́дный, ста́рые лю́ди
уезжа́ют из го́рода. На рабо́те за „кли́мат“ да́же пла́тят
дополни́тельные[7] де́ньги. А рабо́ты в Нори́льске мно́го: там
добыва́ют медь,[8] ни́кель, ко́бальт, зо́лото и други́е мета́ллы.

Вот и приезжа́ют молоды́е лю́ди на Се́вер, порабо́тают
не́сколько лет, зарабо́тают де́ньги и уезжа́ют наза́д к себе́ домо́й
и́ли в други́е города́ и дере́вни. Не́которые лю́ди живу́т здесь
постоя́нно,[9] счита́ют Нори́льск свое́й ро́диной, лю́бят э́тот го́род.

---

[1]**необыкнове́нный** unusual — [2]**ца́рствовать** to reign — [3]**се́верное сия́ние** northern lights —
[4]**освеща́ть/освети́ть** to illuminate — [5]**пра́здник** holiday, festival — [6]**исчеза́ть/исче́знуть** to disappear
— [7]**дополни́тельный** additional — [8]**добыва́ть медь** to mine copper

Тру́дно жить в Нори́льске, иногда́ моро́зы быва́ют пятьдеся́т гра́дусов, ча́сто — три́дцать, со́рок, а е́сли ещё и ве́тер . . . Тогда́ объявля́ют по ра́дио: „Сего́дня моро́з три́дцать гра́дусов, ско́рость ве́тра два́дцать ме́тров в секу́нду: заня́тий в шко́ле нет“. И не потому́, что си́льный моро́з — к моро́зу лю́ди привы́кли. Опа́сен[10] си́льный ве́тер, он мо́жет унести́ ребёнка в ту́ндру и́ли уда́рить[11] об сте́ну до́ма.

А взро́слые иду́т на рабо́ту. В зда́ниях светло́ и тепло́. Обы́чная температу́ра в них плюс два́дцать пять, два́дцать шесть гра́дусов.

***

Всегда́ тепло́ бы́ло и в двухко́мнатной кварти́ре Ле́диных. Э́то не нра́вилось бе́лому медве́дю, когда́ семья́ верну́лась домо́й. Медвежо́нок уходи́л на балко́н, в снег, до́лго смотре́л с седьмо́го этажа́ на у́лицу, пото́м возвраща́лся в ко́мнату „погре́ться“,[12] и всю́ду слы́шалось его́ гро́мкое „ай, ай, ай“.

Он не ла́ял,[13] как соба́ка, не пища́л,[14] как пти́чка, а „а́йкал“, поэ́тому Верони́ка назвала́ медвежо́нка — А́йка. Они́ бы́ли уже́ больши́ми друзья́ми. А́йка всю́ду ходи́ла за Верони́кой, меша́ла ей де́лать дома́шнее зада́ние, обли́зывала[15] ей нос и ру́ки, уноси́ла в зуба́х её ту́фли на балко́н и пря́тала их в снег. Она́ счита́ла Верони́ку свое́й „сестрёнкой“ и постоя́нно хоте́ла игра́ть с ней. Когда́ игра́ была́ о́чень шу́мной, Ю́рий Я́нович говори́л гро́мко два сло́ва: „Де́ти, гуля́ть!“ Верони́ка ещё надева́ла шу́бу,[16] а А́йка уже́ сиде́ла у две́ри.

На у́лице вокру́г А́йки собира́лись ребя́та — все её о́чень люби́ли, и она́ их то́же люби́ла.

Вре́мя шло бы́стро. А́йка заме́тно вы́росла:[17] она́ была́ в

---

[9]**постоя́нно** constantly, permanently — [10]**опа́сен** dangerous — [11]**удара́ть/уда́рить** to hit — [12]**гре́ться/погре́ться** to warm oneself — [13]**ла́ять/прола́ять** to bark — [14]**пища́ть** to cheep, squeak — [15]**обли́зывать/облиза́ть** to lick — [16]**шу́ба** fur coat — [17]**выраста́ть/вы́расти** to grow

длину́ уже́ бо́льше ме́тра и ве́сила почти́ во́семьдесят килогра́ммов. По́сле двадца́того ма́я начну́тся у Верони́ки кани́кулы — и до пе́рвого сентября́! К тому́ же наступи́л[18] поля́рный день. И хотя́ ещё лежа́л снег, и дул холо́дный ве́тер с океа́на, ста́ло тепле́е — пора́ уезжа́ть в экспеди́цию.

Людми́ла Петровна забо́тливо[19] пригото́вила всё, почти́ на пять ме́сяцев: проду́кты, медикаме́нты, тёплую оде́жду, о́бувь. Ещё и ещё раз проверя́ла — не забы́ла ли чего́?

Ю́рий Я́нович взя́л на себя́ забо́ту[20] о фи́льме и о ло́дке. Верони́ка собира́ла свои́ люби́мые кни́ги и уче́бники. Е́сли они́ уе́дут ра́ньше и верну́тся в конце́ сентября́, ей на́до занима́ться самостоя́тельно.[21] Она́ не хоте́ла отста́ть[22] в кла́ссе от ребя́т и получа́ть плохи́е отме́тки.

— Ну вот, всё гото́во, — сказа́ла Людми́ла Петро́вна. —

---

[18]**наступа́ть/наступи́ть** to come, set in — [19]**забо́тливо** carefully — [20]**забо́та** care — [21]**самостоя́тельно** independently — [22]**отстава́ть/отста́ть** to fall behind

Забо́ты бу́дут больши́е, а мо́жет и сюрпри́зы, ведь се́верное ле́то — не ю́жный куро́рт. Ещё и Ни́ка с на́ми!

— Не ду́май о плохо́м, всё бу́дет хорошо́, — сказа́л Ю́рий Я́нович.

Ита́к, в путь–доро́гу!

1. Где нахо́дится го́род Нори́льск и что интере́сно в э́том го́роде?
2. Как вы ду́маете, почему́ А́йка счита́ла Верони́ку свое́й „сестрёнкой“?
3. Как они́ игра́ли?

# На о́строве Чамп

Лю́ди зна́ют ма́ло о жи́зни бе́лых медве́дей. Как они́ ко́рмят свои́х дете́й, как отно́сятся[1] к други́м живо́тным и к челове́ку — всё бы́ло интере́сно Ле́диным. Они́ хоте́ли отве́тить на э́ти вопро́сы.

Из многочи́сленных острово́в[2] Земли́ Фра́нца Ио́сифа[3] они́ вы́брали са́мый се́верный о́стров — Чамп.[4] Да́льше на Се́вер уже́ не́ было земли́, то́лько ледяно́й Поля́рный океа́н. И где-то ря́дом — Се́верный по́люс.

В А́рктику лете́ла на самолёте вся семья́: Ю́рий Я́нович, Людми́ла Петро́вна, Верони́ка и А́йка. Лю́ди ду́мали, что А́йка найдёт здесь себе́ но́вую, медве́жью, семью́.

И вот о́стров Чамп. С самолёта он был бе́лым, как и океа́н. И то́лько тёмные ска́лы[5] говори́ли, что э́то — о́стров. Ничего́ не́ было на о́строве — то́лько снег. Ле́дины всё привезли́ с собо́й. Они́ бы́стро собра́ли из бло́ков свой деревя́нный до́мик. Лётчик и бортмеха́ник помога́ли им. А пото́м они́ пожела́ли Ле́диным хоро́шей рабо́ты и попроща́лись. Самолёт улете́л. Верони́ка до́лго

---

[1]относи́ться to relate to — [2]о́стров island — [3]Земля́ Фра́нца Ио́сифа Franz Josef's Land (an archipelago of arctic islands) — [4]Чамп Champ (an island in this archipelago) — [5]скала́ cliff

махáла[6] рукóй вслед.

Юрий Янович выкопал[7] в снегу яму[8] и спрятал в ней мясо и рыбу, поставил газовую печь[9] в дóмике. Людмила Петрóвна приготóвила вкусный обед, Веронийка ей помогáла. Это был пéрвый обéд в Áрктике: настоящий русский борщ со сметáной[10] и норильским хлéбом. Потóм они будут хлеб печь[11] сáми.

— Как мнóго снéга на óстрове, — хорошó здесь будет Áйке! — посмотрéл вокруг Юрий Янович.

— И мне здесь будет хорошó, — сказáла рáдостно Веронийка. — Я всегдá хотéла поéхать с вáми, а вы меня не брáли, говорийли, что мне лучше будет дóма с бáбушкой.

— Не сердийсь, Нийка, тогдá, ты былá мáленькой и чáсто болéла, — улыбнулась мáма.

— А тепéрь ты большáя и сийльная, как Áйка, — сказáл

---

[6]**махáть/махнуть** to wave — [7]**выкáпывать/выкопать** to dig — [8]**яма** hole — [9]**печь** stove — [10]**сметáна** sour cream — [11]**печь/испéчь** to bake

Юрий Янович. Все засмеялись.

—Дети, гулять! Я познакомлю вас с Арктикой, — сказал Юрий Янович.

— Здравствуй, Арктика! — закричала громко Вероника. — Я тебя, люблю! Айка „айкала" и бежала за ней. Вероника бросила в Айку снег. Айка закрыла глаза и завертела[12] головой. Это было очень смешно.[13]

Так они каждый день долго играли в снегу: катались с горы на картонке, догоняли[14] друг друга и падали в снег. Один раз Вероника толкнула[15] Айку в воду, Айке это понравилось. Теперь она шла в воду сама. И удивлялась, почему Ника не купается в холодной воде, — это так приятно! Приятно было пить эту холодную воду и кушать лёд. Всё было Айке интересно и удивительно. Да, это не двухкомнатная квартира в Норильске — кругом[16] простор[17] и снег. А когда уставали играть, они спали „нос к носу" на раскладушке[18] в домике. Играли и спали часами.

Людмила Петровна уже говорила Веронике: — Ты всё

---

[12]**вертеть/завертеть** to turn to and fro — [13]**смешно** funny — [14]**догонять/догнать** to chase — [15]**толкать/толкнуть** to push — [16]**кругом** all around — [17]**простор** space — [18]**раскладушка** cot

игра́ешь, как ма́ленькая А́йка. Ты забы́ла, тебя́ ждут твои́ кни́ги. Пора́ уже́ заня́ться и англи́йским языко́м.

***

Вре́мя шло бы́стро. Уже́ был июль. Ди́кие медве́ди не приходи́ли, а ведь они́ — цель экспеди́ции.

— Всё это ми́ло, — сказа́л Ю́рий Я́нович и на́чал уже́ волнова́ться, — А е́сли медве́ди не приду́т? Что тогда́ де́лать?

Но, к сча́стью, че́рез два дня лю́ди уви́дели: к ла́герю шла больша́я медве́дица и два ма́леньких медвежо́нка. Они́ бы́ли голо́дными и пришли́ на за́пах[19] пи́щи,[20] но боя́лись подойти́ бли́зко. Мать-медве́дица легла́ на снег и накорми́ла дете́й свои́м молоко́м. На друго́й день медве́ди подошли́ бли́же, пото́м ещё бли́же . . . Лю́ди закры́ли дверь до́мика и ста́ли смотре́ть в окно́ — что бу́дет да́льше?

Медве́ди иска́ли еду́ — и вот нашли́ запа́сы экспеди́ции.

---

[19]**за́пах** scent — [20]**пи́ща** food

— Ма́ма, они́ съедя́т всё на́ше мя́со! И ры́бу . . . А́йке
ничего́ не оста́нется, —сказа́ла Верони́ка ти́хо.

— Споко́йно, Верони́ка, у нас есть консе́рвы,  — отве́тила
Людми́ла Петро́вна.

— Смотри́те, она́ ест сама́, де́тям ничего́ не даёт! —
удиви́лась Верони́ка.

— Э́то пра́вильно, — заме́тил Ю́рий Я́нович, — де́тям на́до
мно́го молока́, а у голо́дной ма́мы молока́ не бу́дет.

Когда́ обе́д ко́нчился, медве́ди . . . засну́ли на снегу́ недалеко́
от до́мика.

Тогда́ Ю́рий Я́нович вы́шел с ружьём из до́мика. Медве́дица

подняла́ го́лову, посмотре́ла в его́ сто́рону, но челове́к был
дово́льно далеко́. Э́то её успоко́ило, и она́ опя́ть закры́ла глаза́.
Ю́рий Я́нович сде́лал два шага́ вперёд,[21] э́то медве́дице не
понра́вилось — она́ подняла́сь и зарыча́ла.[22] Всё ста́ло я́сно: бли́же
нельзя́. Что́бы быть друзья́ми, нужна́ диста́нция.

    Так жи́ли медве́ди не́сколько неде́ль ря́дом с людьми́ —
ничего́ не боя́лись. Осо́бенно ма́ленькие медве́ди. Они́ заходи́ли
да́же в до́мнк! Э́то о́чень не нра́вилось Áйке! „Уходи́те, уходи́те,
э́то мой дом“, — каза́лось, что она́ им так говори́т. Она́ не хоте́ла
с ни́ми игра́ть, она́ их прогоня́ла.[23] Игра́ть она́ мо́жет то́лько с
Верони́кой, в свое́й семье́. Други́е медве́ди — э́то медве́дья семья́,
чужа́я[24] семья́.

---

[21]**вперёд** forward — [22]**зарыча́ть** to roar — [23]**прогоня́ть/прогна́ть** to chase away — [24]**чужо́й**
alien, unfamiliar

А лю́ди корми́ли медве́дей и ду́мали, что они́ возьму́т к себе́ А́йку. Но так не быва́ет в А́рктике. Иска́ть пи́шу там о́чень тру́дно: чужо́й ребёнок — ещё оди́н рот, он не ну́жен медве́жьей семье́.

Да и А́йка не хоте́ла к ним идти́. Её семья́ здесь, у люде́й.

И ста́ло я́сно, корми́ть ди́ких медве́дей — э́то пло́хо. Они́ не шли на охо́ту, а у люде́й конча́лись проду́кты. Вот уже́ и а́вгуст. Ко́нчилось коро́ткое поля́рное „ле́то“. И сно́ва моро́зы, лёд и ве́тер вокру́г.

К сча́стью, медве́дица то́же поняла́ — она́ должна́ научи́ть свои́х дете́й охо́титься, пока́ не наступи́ла поля́рная ночь, пока́ ещё све́тит со́лнце. Снача́ла она́ ушла́ на охо́ту одна́. Дете́й оста́вила с людьми́. Когда́ она́ верну́лась с тюле́нем[25] в зуба́х, лю́ди могли́ наблюда́ть, как она́ у́чит дете́й есть э́ту пи́щу.

А́йка хоте́ла то́же посмотре́ть, но медве́дица прогнала́ её. Так прошёл а́вгуст. И вот одна́жды медве́ди ушли́ все вме́сте и не верну́лись.

---

[25]**тюле́нь** seal

***

Лéдины прощáлись с óстровом Чамп. Онú пóняли, что Áйке нет мéста на óстрове. Онá родилáсь в зоопáрке, жилá у людéй. Онá не мóжет ходúть на охóту, как дúкие медвéди, её никтó не научúл э́тому.

Лю́ди жи́ли среди́ медве́дей. Они́ по́няли, что е́сли вести́ себя́ дружелю́бно, не пуга́ть[26] медве́дей,  то мо́жно мно́го интере́сного узна́ть об их жи́зни. Ле́дины уви́дели, что бе́лый медве́дь не опа́сен челове́ку. И челове́к до́лжен ему́ помо́чь. Бе́лый медве́дь, как все живо́тные, кото́рых ста́ло меньше на земле́, занесён[27] в Кра́сную кни́гу.[28] Охо́та на него́ запрещена́,[29] и тепе́рь бе́лых медве́дей ста́ло бо́льше.

Обо всём э́том рассказа́ли Ле́дины в кинофи́льме „Бе́лый медведь“.

Фильм получи́л пе́рвый приз во Фра́нции на кинофестива́ле „Челове́к и приро́да“.

1. Где нахо́дится о́стров Чамп, кто там живёт?
2. Почему́ полете́ли туда́ на самолёте Ле́дины и А́йка?
3. С кем и как игра́ла А́йка на о́строве и что она́ де́лала одна́?
4. Как вы ду́маете, почему́ волнова́лись взро́слые?
5. Что случи́лось, когда́ медве́ди, наконе́ц, пришли́?
6. Почему́ А́йка не игра́ла с медве́дями и почему́ медве́ди не хоте́ли приня́ть А́йку?
7. Лю́ди корми́ли ди́ких медве́дей — хорошо́ э́то и́ли пло́хо?
8. Почему́ медве́дица пошла́ на охо́ту одна́?
9. Как вы ду́маете, почему́ ушли́ медве́ди?
10. Почему́ А́йка не могла́ оста́ться в А́рктике?
11. О чём рассказа́ли Ле́дины в кинофи́льме „Бе́лый медве́дь“?

---

[26]**пуга́ть/испуга́ть** to frighten — [27]**занесён** has been entered — [28]**Кра́сная кни́га** Red Book *list of endangered species* — [29]**запрещён** forbidden

# В квартире

Когда Лёдины в конце сентября вернулись домой, Айка часто была неспокойной и громко выражала[1] своё неудовольствие. Ей нужен был простор. Она не хотела оставаться одна в маленькой квартире. Но Лёдины шли на работу, а Вероника — в школу . . .

После Арктики Айке было очень жарко в квартире. Вероника наполняла[2] для неё ванну холодной водой, но Айка так выросла, что ванна была ей мала. А потом вся квартира становилась мокрой[3] . . . И всё чаще сидела Айка в снегу на балконе и смотрела на город с седьмого этажа. Но ей там было скучно, она начинала реветь,[4] и это сердило соседей . . . Они говорили:

— Это дом или зоопарк? Когда это кончится?

— Извините, пожалуйста, скоро мы увезём Айку, — сказала Людмила Петровна.

Юрий Янович собрал семейный совет, Айка тоже присутствовала.

— Вот что, мои дорогие, — сказал Юрий Янович, — Айка больше не может жить с нами.

— Почему? Как же она будет без нас! — сказала Вероника.

— Ей будет лучше в зоопарке, Ника, — ответила Людмила Петровна.

— А если мы принесём много снега и сделаем на балконе снежный домик, то она будет всю зиму там спать, — сказала Ника.

—Мне тоже очень трудно расстаться с Айкой, но на балконе она не может спать: всё это ненормально. Пойми, Ника ей нужны и друзья, медведи, — сказал папа.

— А я? Я кто? — почти плакала Вероника.

— Ну да, ты её подруга, но не медведь, — пошутила мама.

Айка как будто[5] поняла, о чём говорят люди; лизнула Веронике нос и лицо. Вероника обняла Айку. Айка подумала, что Ника играет с ней, как на острове, и толкнула её лапой.[6] Они вместе упали, а за ними телефон и лампа со стола — всё разбилось.[7]

---

[1]**выража́ть/вы́разить** to express — [2]**наполня́ть/напо́лнить** to fill — [3]**мо́крый** wet — [4]**реве́ть** to bellow — [5]**как бу́дто** as though — [6]**ла́па** paw — [7]**разбива́ть/разби́ть** to break

— Вот ви́дишь, — сказа́л па́па, — А́йке ну́жен просто́р. Жаль, что у нас в Нори́льске нет зоопа́рка — кли́мат здесь хоро́ший для А́йки. И в Москве́ нет ме́ста, я э́то зна́ю. Сказа́ли, что зоопа́рк в Берли́не охо́тно[8] возьмёт бе́лого медве́дя. Я ду́маю, что там А́йке бу́дет о́чень хорошо́. У них свобо́дные вольéры и больши́е бассéйны.

— Э́то далеко́? — спроси́ла Ни́ка.

— Не да́льше, чем о́стров Чамп, — успоко́ила её ма́ма.

1. Каки́е пробле́мы появи́лись у А́йки, когда́ она́ верну́лась в Нори́льск?
2. Почему́ Ю́рий Я́нович собра́л семе́йный сове́т и что он сказа́л?
3. Как реаги́ровала Верони́ка на реше́ние роди́телей, и что она́ предложи́ла?

# Расстава́ние

В Москву́ опя́ть лете́ли все вме́сте. Коне́чно, в тра́нспортном самолёте! В пассажи́рском самолёте э́то бы́ло бы уже́ невозмо́жно: тепе́рь лю́ди не улыба́лись, как ра́ньше, — они́ боя́лись медве́дя. Хотя́ А́йке испо́лнился то́лько оди́н год,[1] она́ была́ о́чень больша́я и ве́сила бо́льше ста килогра́ммов. И каза́лась о́чень опа́сной. Но то́лько Лéдины зна́ли, что э́то не так. Верони́ка не́жно[2] разгова́ривала с А́йкой, обнима́ла её. А́йка лиза́ла ей нос и ру́ки.

Лéдины бы́ли гру́стные, ведь расстава́ние — э́то всегда́ печа́льная[3] исто́рия. А А́йка? Она́ была́ ти́хой и́ли гру́стной? Тру́дно сказа́ть, что она́ чу́вствовала в э́тот моме́нт, но ей бы́ло нелегко́, э́то зна́ли лю́ди. В Москве́ они́ попроща́лись с А́йкой. До Берли́на А́йка лете́ла уже́ одна́, без свое́й семьи́.

1. Как лете́ли на самолёте и где бы́ло проща́ние?

---

[8]охо́тно gladly

[1]А́йке испо́лнился год Aika was one year old — [2]не́жно tenderly — [3]печа́льный sad

# Эпилóг

Чéрез мéсяц Лéдины получи́ли письмó из Гермáнии, Профéссор Дáте, дирéктор берли́нского зоопáрка, писáл, что Áйка прибылá здорóвой и чýвствует себя́ хорошó.

— А когдá мы к ней поéдем? — спроси́ла Верони́ка.

— Ну, мóжет быть, чéрез год, — отвéтил пáпа.

— Э́то бы́ло бы óчень хорошó, — сказáла Людми́ла Петрóвна.

Но в жи́зни не всегдá так бывáет, как хóчется . . . Чéрез два мéсяца пришлó другóе письмó из Берли́на.

Профéссор Дáте писáл, что случи́лось непредви́денное[1] и грýстное: Áйка залéзла на скалý в вольéре, скалá былá мóкрая пóсле дождя́. Áйка упáла и умерлá. Áйка вы́росла на балкóне, онá не боя́лась в ысоты́. Ви́димо, э́то и бы́ло причи́ной[2] её смéрти[3] . . .

1. Кто, когдá и о чём написáл письмó из Гермáнии?
2. Когдá Лéдины прочитáли письмó, о чём мечтáла семья́?
3. О чём рассказáло вторóе письмó?
4. Как вы дýмаете, почемý умерлá Áйка?

---

[1] **непредви́денное** unforeseen — [2] **причи́на** cause — [3] **смéрть** death

# БЕЗ ПОПУГАЯ И ПЯТНИЦЫ

Людмила Тцшах

## Где я?

Са́ша сиде́л на берегу́ мо́ря и всё ещё не мог пове́рить,[1] что э́то случи́лось с ним, Са́шкой Барашо́м, а не с геро́ем како́го-то приключе́нческого фи́льма[2] . . .

Его́ оде́жда[3] лежа́ла на камня́х.[4] Она́ ста́ла бе́лой от со́ли. Ма́йка,[5] трусы́[6] и руба́шка уже́ бы́ли сухи́ми.[7] А вот джи́нсы и ку́ртка ещё не вы́сохли.[8] Са́ша сиде́л на тёплых камня́х и ду́мал то́лько об одно́м:

Где я? На большо́м и́ли ма́леньком о́строве?[9] Пе́ред ним лежа́ло мо́ре, на кото́рое и смотре́ть не хоте́лось. Сза́ди него́ была́ гора́, не о́чень высо́кая, но крута́я.[10] На её верши́не росло́ не́сколько дере́вьев.[11]

Ско́ро меня́ найду́т. Мо́жет быть, сего́дня и́ли за́втра. Са́ша знал, э́то бу́дет не лёгким де́лом. На ка́рте в э́том архипела́ге Шанта́р[12] три больши́х о́строва и штук три́дцать ма́леньких, а не́которых на ней совсе́м нет.

Ря́дом с Са́шей стоя́л я́щик,[13] кото́рый смы́ло[14] вме́сте с ним с борта́ ка́тера[15] в ту роков́ую мину́ту.[16] Он уви́дел его́ сра́зу,[17] как то́лько вы́нырнул.[18] Э́тот я́щик в бесконе́чном холо́дном мо́ре был его́ еди́нственной наде́ждой[19] на спасе́ние[20] . . .

---

[1] ве́рить/пове́рить to believe — [2] приключе́нческий фильм adventure film — [3] оде́жда clothing — [4] ка́мень stone — [5] ма́йка undershirt, T-shirt — [6] трусы́ underpants — [7] сухо́й dry — [8] со́хнуть/вы́сохнуть to dry — [9] о́стров island — [10] круто́й steep — [11] де́рево, дере́вья tree, trees [12] архипела́г Шанта́р Shantar archipelago — [13] я́щик case, box — [14] смыва́ть/смыть to wash away — [15] ка́тер cutter (boat) — [16] роковая́ мину́та fatal moment — [17] сра́зу immediately — [18] выны́ривать/вы́нырнуть to come to the surface — [19] еди́нственная наде́жда only hope — [20] спасе́ние salvation

На я́щике лежа́ло всё, что Са́ша име́л: — перочи́нный нож,
кото́рый подари́л ему́ оте́ц в про́шлом году́ на день рожде́ния;
— пластма́ссовая расчёска;[21]
— ключи́ от кварти́ры;
— каранда́ш;
— две больши́х англи́йских була́вки,[22] кото́рыми он зака́лывал
манже́ты брюк, когда́ ката́лся на велосипе́де;
— капро́новый шнур, ме́тра два;
— широ́кий реме́нь[23] от джи́нсов;
— ке́ды,[24] совсе́м но́вые;
Бо́льше у него́ ничего́ не́ было.

# Вода́! Где-то вода́?!

Наконе́ц джи́нсы вы́сохли. Са́ша оде́лся[1] и реши́л пойти́ на го́ру.

— С неё мо́жно бу́дет уви́деть, на како́м я о́строве — на
ма́леньком и́ли большо́м. — Са́ше хоте́лось есть, но ещё бо́льше
ему́ хоте́лось пить. Ему́ так хоте́лось пить, что всё плыло́ пе́ред
глаза́ми.[2]

Он пошёл пря́мо, в сто́рону горы́. Кусты́[3] бы́ли таки́ми
высо́кими, что из-за них не́ было ви́дно верши́ны.[4] Но Са́ша знал,
что шёл пра́вильно, потому́ что земля́[5] под нога́ми[6] повыша́лась. На
доро́ге лежа́ла больша́я ка́менная плита́.[7] На ней рос мох.[8]

Мох лю́бит сы́рость.[9] А сы́рость — там, где есть вода́. И,
действи́тельно, под плито́й земля́ была́ сыро́й.

Са́ша обошёл плиту́ сле́ва и спра́ва, но воды́ не нашёл. Но́ги
бо́льше не хоте́ли идти́.

---

[21]**расчёска** comb — [22]**англи́йская була́вка** safety pin — [23]**реме́нь** belt — [24]**ке́ды** sneakers
[1]**одева́ться/оде́ться** to get dressed — [2]**всё плыло́ пе́ред глаза́ми** everything swam before (his) eyes
— [3]**куст** bush — [4]**верши́на** peak — [5]**земля́** earth, ground — [6]**нога́** foot, leg — [7]**плита́** slab —
[8]**мох** moss — [9]**сы́рость** dampness

„Немно́го отдохну́, а пото́м бу́ду иска́ть[10] во́ду.“

Он лёг на плиту́, глаза́ закры́лись са́ми собо́й.[11]

Вдруг он услы́шал: буль . . . буль-буль . . . буль . . .
Нет, э́то мне то́лько ка́жется,[12] поду́мал Са́ша. Но че́рез не́которое
вре́мя — опя́ть: буль-буль . . . буль. Вода́?! Где́-то вода́!

Он спры́гнул[13] с плиты́ и побежа́л нале́во, отку́да слы́шался
звук. В ме́трах десяти́ от плиты́ он уви́дел родни́к. Са́ша упа́л на
зе́млю и пил во́ду до тех пор, пока́ не[14] заболе́ли зу́бы.[15] Пото́м он
вы́мыл ру́ки и лицо́. Сра́зу ста́ло ле́гче. Тепе́рь мо́жно бы́ло
попро́бовать подня́ться на го́ру.

# На горе́

На го́ру Са́ша поднима́лся то́лько с больши́м трудо́м.[1] После́дние
ме́тры Са́ша не шёл, а полз[2] — так бы́ло кру́то.

Бли́же на верши́не росли́ дере́вья, похо́жие[3] на со́сны.[4] Их он
ви́дел, когда́ сиде́л на берегу́.

Са́ша стоя́л и смотре́л на о́стров, кото́рый лежа́л пе́ред ним
как географи́ческая ка́рта.

Э́то был совсе́м[5] ма́ленький о́стров, похо́жий на ло́дку. С
горы́ была́ хорошо́ видна́ бу́хта, куда́ приплы́л[6] Са́ша с я́щиком.
Бы́ло ви́дно и то ме́сто, где он неда́вно сиде́л, и где со́хла его́
оде́жда. А на горизо́нте был то́лько тума́н[7] . . . И нигде́ — ни
сле́ва, ни спра́ва, ни впереди́, ни сза́ди — не́ было ничего́ не
ви́дно, кро́ме се́рой воды́ и си́него не́ба[8] над голово́й.[9]

Са́ша на́чал вспомина́ть, что случи́лось[10] в ту ночь . . .

---

[10]**иска́ть** to search for — [11]**са́ми собо́й** by themselves — [12]**это мне то́лько ка́жется** it only
seems that way to me — [13]**спры́гивать/спры́гнуть** to jump off — [14]**до тех пор, пока́ не** until
— [15]**зуб** tooth

[1]**с больши́м трудо́м** with great difficulty — [2]**ползти́/приползти́** to crawl — [3]**похо́жий**
resembling — [4]**сосна́** pine — [5]**совсе́м** entirely — [6]**приплыва́ть/приплы́ть** to swim to —
[7]**тума́н** fog — [8]**не́бо** sky — [9]**голова́** head — [10]**случи́ться** to happen

# Вот что случилось в ту ночь

У Са́ши бы́ли ле́тние кани́кулы, и он попроси́л отца́ взять его́ с собо́й на ка́тер. На ка́тере Са́ша помога́л лабора́нтам поднима́ть на борт сеть[1] и достава́ть из неё уло́в.[2] Чего́ там то́лько не́ была: кальма́ры, креве́тки, морски́е звёзды и да́же осьмино́ги[3] . . . Иногда́ он сиде́л в ру́бке[4] и смотре́л схе́мы сигра́лов, куросвы́е ка́рты, ло́цманские альбо́мы . . .[5]

В ту ночь был на мо́ре си́льный шторм. Ка́тер броса́ло[6] на волна́х[7] с борта́ на борт,[8] как бо́чку.[9] Са́ша проснулся[10] от того́, что упа́л[11] с ко́йки[12] на пол, вниз голово́й.[13] Одея́ло полете́ло к две́ри. Ке́ды то́же лета́ли по каю́те,[14] от две́ри к столу́ и обра́тно.[15] Са́ша встал и в тот же моме́нт опя́ть упа́л.

Оте́ц спал кре́пко и ничего́ не замеча́л.[16] Са́ша не хоте́л

---

[1]**сеть** net — [2]**уло́в** catch — [3]**кальма́ры, креве́тки, морски́е звёзды, осьмино́ги** squid, shrimp, starfish, octopuses — [4]**ру́бка** cabin — [5]**схе́мы сигна́лов, курсовы́е ка́рты, ло́цманские альбо́мы** signal diagrams, charts, log books — [6]**броса́ть/бро́сить** to toss — [7]**волна́** wave — [8]**с борта́ на бо́рт** from side to side — [9]**бо́чка** barrel — [10]**просыпа́ться/просну́ться** to wake up — [11]**па́дать/упа́сть** to fall down — [12]**ко́йка** bunk — [13]**вниз голово́й** head first — [14]**каюта** cabin — [15]**обра́тно** back — [16]**замеча́ть/заме́тить** to notice

будить[17] его, оделся и решил выйти на минутку на палубу.[18] На палубе никого не было. В рубке стоял рулевой.[19] Катер шёл полным ходом.[20] Справа была видна какая-то земля, впереди — ещё один остров . . . Море волновалось[21] так, что моментами волны покрывали[22] катер полностью.[23] Саша хотел войти в рубку и спросить рулевого, где они находятся, но в тот же момент его оторвало[24] от палубы, и от нырнул с головой в холодную волну . . . Когда он вынырнул, увидел рядом с собой ящик и вдали[25] катер, на котором спокойно[26] спал его отец . . .

# Саранки[1]

Солнце было уже у горизонта.

Скоро вечер, а потом ночь, подумал Саша.

Где же я буду спать? На траве[2] . . ., на камнях . . . ? Надо искать дом!

Спускаться[3] с горы было труднее, чем подинматься. Саша искал дорогу через кусты и вдруг вышел на поляну.[4] На ней росли оранжевые цветы.

Он прекрасно знал эти цветы и то, что находилось в земле. Когда он с отцом ходил в горы, он всегда искал саранки. Они были очень вкусными. Папа ругал[5] Сашу, когда видел их в его руках. Он говорил, что из-за таких, как он, саранок становится[6] всё меньше и меньше. Наверно, они скоро будут стоять в Красной книге,[7] и за каждую саранку будут брать штраф.

А здесь их было так много!

Саша открыл нож и выкопал[8] одну из них. Какая она большая! Как теннисный мяч! И только сейчас он понял, что был ужасно[9] голодным.[10]

---

[17]будить/разбудить to wake — [18]палуба deck — [19]рулевой rudder — [20]полным ходом at full speed — [21]волноваться to be agitated — [22]покрывать/покрыть to cover — [23]полностью completely — [24]отрывать/оторвать to tear away — [25]вдали in the distance — [26]спокойно peacefully

[1]саранка type of lily with edible root — [2]трава grass — [3]спускаться/спуститься to descend — [4]поляна field — [5]ругать/выругать to scold — [6]становитья/стать всё меньше и меньше to become fewer and fewer — [7]Красная книга Red Book (*international list of endangered species*) — [8]выкопать/выкапывать to dig — [9]ужасно awfully — [10]голодный hungry

# Шалаш[1]

Пока[2] Са́ша был на поля́не и копа́л сара́нки, со́лнце се́ло.[3] Ста́ло холодне́е. На верши́не горы́ лежа́л тума́н. На́до бы́ло, как мо́жно быстре́е,[4] стро́ить шала́ш. Он наре́зал[5] не́сколько ве́ток[6] и са́мые дли́нные из них связа́л шнуро́м наверху́,[7] а ни́жние концы́ воткну́л[8] в зе́млю. Ме́жду ни́ми он положи́л ве́тки с ли́стьями.[9] Е́сли пойдёт дождь, то вода́ бу́дет бежа́ть по ли́стьям. Так учи́л его́ оте́ц. Ста́ло темно́. С горы́ дул си́льный ве́тер.[10]

Са́ша сел в шала́ш, но уже́ че́рез не́сколько мину́т ему́ ста́ло так хо́лодно, что он опя́ть вы́лез[11] из него́. На земле́ лежа́ло не́сколько ве́ток. Он закры́л и́ми вход в шала́ш. Ду́ло ме́ньше, и ста́ло тепле́е.

Ничего́, за́втра и́ли послеза́втра меня́ найду́т. На́до терпе́ть[12] . . . Я же не ма́ленький, мне 15 лет. — Так ду́мал он в э́ту пе́рвую ночь на о́строве.

Всю ночь он не спал и дрожа́л[13] от хо́лода.

# Что выбра́сывает[1] мо́ре

Са́ша вы́лез из шалаша́ и посмотре́л на́ небо. Со́лнце висе́ло ни́зко над мо́рем. Дул тёплый ве́тер. Он съел[2] не́сколько сара́нок и пошёл к мо́рю. На берегу́ лежа́ли го́ры во́дорослей.[3] Среди́ них лежа́ло не́сколько предме́тов, кото́рые могли́ бы ему́ пригоди́ться:[4]
полиэтиле́новая буты́лка, кусо́к[5] се́ти и пусты́е[6] консе́рвные ба́нки.[7]

Всё э́то он отнёс к камня́м, где лежа́ла оде́жда.

Са́ша откры́л буты́лку, и сра́зу запа́хло[8] как в парикма́херской. Шампу́нь!

---

[1]**шала́ш** hut — [2]**пока́** while — [3]**сесть** *here:* to set — [4]**как мо́жно быстре́е** as quickly as possible — [5]**ре́зать/наре́зать** to cut — [6]**ве́тка** branch — [7]**наверху́** above — [8]**втыка́ть/воткну́ть** to stick into — [9]**лист, ли́стья** leaf, leaves — [10]**ве́тер** wind — [11]**вылеза́ть/вы́лезти** to crawl out — [12]**терпе́ть** to endure — [13]**дрожа́ть** to tremble

[1]**выбра́сывать/вы́бросить** *here:* to toss up — [2]**съеда́ть/съесть** to eat — [3]**во́доросли** seaweed — [4]**пригожда́ться/пригоди́ться** to come in handy — [5]**кусо́к** piece — [6]**пусто́й** empty — [7]**консе́рвные ба́нки** canning jars — [8]**запа́хнуть** to begin to smell

Мо́жет быть, найду́ ещё что́-нибудь ну́жное для моего́ до́ма, ду́мал он, гуля́я по ли́нии прибо́я.[9] Что-то тёмное лежа́ло в воде́, у бе́рега. Са́ша не ве́рил свои́м глаза́м — паруси́на![10] Она́ была́ мо́крой,[11] гря́зной[12] и о́чень тяжёлой. Часа́ два он тащи́л[13] её на сухо́е ме́сто. Но э́та паруси́на могла́ спасти́[14] его́ от дождя́ и хо́лода. Под со́лнцем на камня́х она́ бы́стро вы́сохла.

„Тепе́рь я могу́ постро́ить пала́тку.[15]“ — ра́довался Са́ша.

В одно́м бревне́[16] он уви́дел желе́зную ско́бу.[17]

„Ей мо́жно выка́пывать сара́нки . . .“ Когда́ он вспо́мнил о сара́нках, он сно́ва почу́вствовал го́лод.[18] Са́ша хоте́л уже́ идти́ к поля́не, где росли́ сара́нки, но вдруг уви́дел на во́дорослях тако́е, что забы́л про го́лод.

Э́то был надувно́й матра́ц.[19] На тако́м матра́це Са́ша люби́л пла́вать с ребя́тами в Кра́бъей бу́хте. Э́то был япо́нский матрац: на нём чёрными бу́квами бы́ло напи́сано „Made in Japan“. С одно́й стороны́ он был по́рван,[20] то́лько в трёх се́кциях[21] был во́здух. Пла́вать на нём, коне́чно, бы́ло нельзя́, но его́ мо́жно бы́ло положи́ть в пала́тку.

Счастли́вый, он верну́лся к тому́ ме́сту, где лежа́ли други́е нахо́дки.[22] Са́ша положи́л их на паруси́ну и потащи́л свою́ бу́душую пала́тку на го́ру.

Э́то бы́ло не лёгким де́лом, потому́ что она́ была́ большо́й и ве́сила,[23] наве́рно, сто́лько же, ско́лько[24] ве́сил он сам.

# Пала́тка

Когда́ Са́ша был на ме́сте, со́лнце уже́ сади́лось. Он немно́го отдохну́л, пото́м взял шампу́нь и хорошо́ умы́лся. Сра́зу ста́ло ле́гче. Тепе́рь на́до бы́ло стро́ить пала́тку.

Са́ша стоя́л у де́рева и рассма́тривал свои́ нахо́дки. Пе́ред ним

---

[9]**прибо́й** surf — [10]**паруси́на** canvas sailcloth — [11]**мо́крый** wet — [12]**гря́зный** dirty — [13]**тащи́ть/вы́тащить** to drag — [14]**спаса́ть/спасти́** to protect, save — [15]**пала́тка** tent — [16]**бревно́** log — [17]**желе́зная скоба́** iron spike, clamp — [18]**го́лод** hunger —— [19]**надувно́й матра́ц** air mattress — [20]**по́рван** torn — [21]**се́кция** section — [22]**нахо́дка** find *(n.)* — [23]**ве́сить** to weigh — [24]**сто́лько, ско́лько** as much/many as

лежа́ла паруси́на. Она́ име́ла фо́рму непра́вильной трапе́ции[1] — одна́ сторона́ была́ ши́ре друго́й.

„Е́сли оди́н коне́ц шнура́ привяза́ть[2] к де́реву, а друго́й к колы́шку[3] в земле́ и на э́тот шнур пове́сить[4] паруси́ну, то полу́чится[5] хоро́шая пала́тка. А, мо́жет быть, всё э́то сде́лать за́втра? Заче́м спеши́ть? Меня́ найду́т за́втра и́ли послеза́втра . . .“

Но он вспо́мнил о тума́не, о ночно́м ве́тре . . . и на́чал де́лать пала́тку. Са́ша рабо́тал бы́стро. Пала́тка получи́лась отли́чной, в ней мо́жно бы́ло да́же стоя́ть. Ме́жду де́ревом и пала́ткой была́ небольша́я площа́дка, на кото́рой он за́втра хоте́л разже́чь[6] костёр.[7]

Вре́мя пролете́ло бы́стро. Пришла́ ночь.

# Ди́кий лук[1]

На сле́дующее у́тро Са́ша просну́лся по́здно. Оде́жда на нём была́ сухо́й. Пала́тка и матра́ц не промо́кли[2] от тума́на.[3] В э́ту ночь он вы́спался на сла́ву.[4] Вы́йдя из пала́тки, он реши́л зале́зть[5] на де́рево и посмотре́ть на мо́ре . . . Оно́ лежа́ло внизу́ се́рой пусты́ней,[6] от бе́рега до горизо́нта во́лны, одни́ то́лько во́лны . . .

Хоте́лось есть, и Са́ша пошёл на поля́ну копа́ть[7] сара́нки. По доро́ге туда́ он уви́дел тёмнозелёные стре́лки[8] ди́кого лу́ка. Когда́ оте́ц ходи́л с ним в го́ры, то пока́зывал ему́ мно́гие расте́ния,[9] не́которые из них Са́ша забы́л, но съедо́бные[10] — нет, потому́ что он их про́бовал.

Нашёл то́лько пять штук, но зато́[11] узна́л, что лук на о́строве есть. Тепе́рь на́до бы́ло заня́ться огнём.[12]

---

[1]непра́вильная трапе́ция irregular trapezoid — [2]привя́зывать/привяза́ть to tie — [3]ко́лышек peg — [4]ве́шать/пове́сить to hang — [5]получа́ться/получи́ться to turn out — [6]разжига́ть/разже́чь to light — [7]костёр campfire

[1]ди́кий лук wild onion — [2]промока́ть/промо́кнуть to get wet — [3]тума́н fog — [4]высыпа́ться/вы́спаться на сла́ву to rest on one's achievements — [5]залеза́ть/зале́зть to climb up — [6]пусты́ня desert — [7]копа́ть/вы́копать to dig — [8]стре́лка *here:* shoot — [9]расте́ние plant — [10]съедо́бный edible — [11]зато́ in return, nevertheless — [12]ого́нь fire

# Как добыть огонь?[1]

Са́ша на́чал вспомина́ть кни́ги про первобы́тных люде́й.[2] Как ни стра́нно,[3] все они́ крути́ли[4] па́лочки[5] рука́ми. Он уже́ раз про́бовал добы́ть так ого́нь, крути́л па́лочку полчаса́, но коне́ц её был то́лько тёплым. Дре́вние лю́ди[6] выбира́ли, наве́рно, како́е-то осо́бое де́рево[7] и́ли зна́ли каку́ю-то хи́трость.[8]

Пото́м он вспо́мнил карти́нку в уче́бнике по дре́вней исто́рии: челове́к сиди́т пе́ред доско́й.[9] В пра́вой руке́ у него́ небольшо́й

---

[1]добыва́ть ого́нь/добы́ть to build a fire (*lit.* – to obtain) — [2]первобы́тные лю́ди primitive people — [3]стра́нно strange — [4]крути́ть/покрути́ть to twist — [5]па́лочка stick — [6]дре́вние лю́ди ancient people — [7]осо́бое де́рево special wood — [8]хи́трость *here:* trick — [9]доска́ *here:* plank

лук,[10] тетива[11] лука обёрнута[12] вокру́г па́лочки. В ле́вой руке́ — ка́мень с лу́нкой,[13] в кото́рой оди́н коне́ц па́лочки и сухо́й мох. Челове́к дви́гает[14] лук взад-вперёд, тетива́ бы́стро кру́тит па́лочку, и в лу́нке возника́ет[15] ого́нь.

Зна́чит, на́до бы́ло найти́ суху́ю до́ску, мох и подходя́щую[16] ве́тку[17] для лу́ка. Шнур для тетивы́ у него́ был. Нашёлся и ка́мень с лу́нкой. Часа́ два Са́ша углубля́л[18] э́ту лу́нку желе́зной скобо́й. Как же э́то де́лали первобы́тные лю́ди? Ско́лько дней у них уходи́ло на э́то? — поду́мал Са́ша.

Всё остально́е[19] он сде́лал, как на карти́нке . . .

Его́ констру́кция рабо́тала прекра́сно. Коне́ц па́лочки крути́лся и углубля́лся в лу́нку. Уже́ вско́ре[20] Са́ша уви́дел дым[21], снача́ла си́ний, а пото́м бе́лый . . . Наконе́ц он уви́дел и ма́ленький кра́сный ого́нь. Он не ве́рил свои́м глаза́м.[22] Так бы́стро и про́сто[23] всё получи́лось.

# Дождь и го́лод

Са́ша сиде́л в пала́тке. Дождь лил как из ведра́.[1] Ско́лько дней я на о́строве? Четы́ре или пять? Он вспо́мнил фильм о Робинзо́не Кру́зо и его́ оригина́льный календа́рь, кото́рый он сде́лал, что́бы не потеря́ть[2] счёт[3] дням.

Снача́ла э́то бы́ли дни, пото́м — ме́сяцы, а пото́м — го́ды . . . Са́ше ста́ло гру́стно.[4]

А е́сли меня́ не найду́т? — Э́тот вопро́с не оставля́л его́ в поко́е.[5]

А е́сли, а е́сли . . . Не на́до об э́том ду́мать! Всё равно́[6] э́то де́лу не помо́жет. Лу́чше заня́ться календарём.

Са́ша на́чал иска́ть подходя́щую до́ску. У вхо́да в пала́тку лежа́ло не́сколько до́сок, кото́рые он нашёл на берегу́ и взял с

---

[10]**лук** *here:* bow — [11]**тетива́** bow string — [12]**обёрнут** wrapped — [13]**лу́нка** hole — [14]**дви́гать/ дви́нуть** to move — [15]**возника́ть/возни́кнуть** to spring up — [16]**подходя́щий** appropriate — [17]**ве́тка** branch — [18]**углубля́ть/углуби́ть** to deepen — [19]**остально́е** the rest — [20]**вско́ре** soon — [21]**дым** smoke — [22]**глаз** eye — [23]**про́сто** simply

[1]**дождь лил как из ведра́** it was raining buckets — [2]**теря́ть/потеря́ть** to lose — [3]**счёт** count — [4]**гру́стно** sad — [5]**оставля́ть/оста́вить в поко́е** to leave alone — [6]**всё равно́** all the same

собо́й для костра́. Одна́ из них была́ гла́дкой[7] и чи́стой.[8] Са́ша положи́л её пе́ред собо́й и сде́лал ножо́м пе́рвую зару́бку.[9]

В пя́тницу меня́ смы́ло за борт, — на́чал вспомина́ть он. В суббо́ту я нашёл паруси́ну и сде́лал пала́тку — то́же зару́бка, то́лько ма́ленькая. Воскресе́нье — зару́бка поглу́бже.[10] Вот уже́ четвёртый день я ем э́ти се́рые, проти́вные[11] сара́нки. Са́ша сде́лал ещё две зару́бки. Зна́чит, сего́дня вто́рник. Пе́ред глаза́ми Са́ши стоя́ли хлеб, жа́реная ры́ба[12] и стака́н ча́я. Нет, не стака́н, а це́лый ча́йник стоя́л на столе́. И са́хар и ма́сло.

Он в мы́слях[13] сде́лал себе́ бутербро́т и ел, ел . . . и пил сла́дкий чай . . .

Почему́ я ра́ньше не ел хлеб с ма́слом? Почему́ не люби́л жа́реную ры́бу? Почему́ не нра́вилось молоко́? Са́ша съел три сара́нки. Бо́льше не мог . . . На́до попро́бовать лови́ть[14] ры́бу, — поду́мал он.

А дождь всё шёл и шёл, ме́дленный, холо́дный . . .


# Ма́ма

А е́сли меня́ не найду́т? И не найду́т тогда́, когда́ я бу́ду уже́ того́[1] . . .

Оди́н, совсе́м оди́н[2] на э́том мо́кром о́строве. Е́сли я бу́ду лежа́ть и умира́ть[3] в э́той пала́тке, никого́ не бу́дет ря́дом . . .

Где́-то там есть лю́ди, хо́дят друг к дру́гу в го́сти, сидя́т у телеви́зора, обе́дают . . .

Как оте́ц бу́дет оди́н, без меня́? Ведь я у него́ оди́н. Ма́ма умерла́. Она́ была́ тако́й молодо́й, и оте́ц её о́чень люби́л. По́сле похоро́н[4] он не́сколько дней не разгова́ривал со мной, то́лько подходи́л, клал мне ру́ку на плечо́[5] и стоя́л так, гля́дя[6] куда́-то, в сто́рону. А я сиде́л ти́хо — ти́хо . . . Одна́жды[7] он сказа́л:

---

[7]**гла́дкий** smooth — [8]**чи́стый** clean — [9]**зару́бка** notch — [10]**поглу́бже** deeper — [11]**проти́вный** nasty — [12]**жа́реная ры́ба** fried fish — [13]**мысль** thought — [14]**лови́ть/пойма́ть** to catch

[1]**тогда́, когда́ я бу́ду уже́ того́** . . . When I'll already be . . . — [2]**совсе́м оди́н** all alone — [3]**умира́ть/умере́ть** to die — [4]**по́хороны** funeral — [5]**плечо́** shoulder — [6]**гляде́ть/гля́нуть** to gaze — [7]**одна́жды** once

„Са́ша, како́й же я идио́т. Ей нельзя́ бы́ло жить у мо́ря, а я привёз её сюда́ . . .“

С того́ дня я стал ходи́ть по́сле шко́лы в магази́н покупа́ть проду́кты, а оте́ц гото́вил. Он гото́вил так же бы́стро и вку́сно, как и ма́ма. Осо́бенно он люби́л рис с мя́сом.[8]

„Са́шка, ешь! — говори́л мне оте́ц. — Са́шка, дое́шь[9] за́втрак! Слы́шишь! А в шко́ле купи́ себе́ котле́ту! . . .“ Эх, ма́ма, ма́ма . . . . Почему́ ты умерла́ так ра́но?[10]

# У́дочка[1]

Костёр горе́л[2] ме́дленно, и от него́ бы́ло в пала́тке тепло́, но ды́мно.[3]

Са́ша реши́л сде́лать у́дочку. В карма́не брюк[4] лежа́ло всё, что ему́ бы́ло ну́жно для э́того — була́вка и капро́новый шнур.[5] Из була́вки получи́лся хоро́ший крючо́к,[6] а из шнура́ — ле́ска.[7] Среди́ ве́ток, кото́рые лежа́ли у вхо́да, он бы́стро нашёл подходя́щую, сде́лал ножо́м в ней ды́рку[8] и привяза́л ле́ску. У́дочка была́ гото́ва. Тепе́рь то́лько дожда́ться, когда́ ко́нчится дождь. А дождь и не ду́мал конча́ться, а станови́лся всё сильне́е и сильне́е.[9] Под шум[10] дождя́ Са́ша засну́л[11] . . .

# Ми́дии[1]

У́тром Са́ша пошёл к бе́регу. Там лежа́ли до́ски, оста́тки[2] како́й-то ло́дки[3] . . .

---

— [8]**рис с мя́сом** rice with meat — [9]**доеда́ть/дое́сть** to eat up — [10]**ра́но** early —
[1]**у́дочка** fishing rod — [2]**горе́ть** to burn — [3]**ды́мно** smokey — [4]**карма́н брюк** pants pocket —
[5]**капро́новый шнур** nylon string — [6]**крючо́к** hook — [7]**ле́ска** fishing line — [8]**ды́рка** hole —
[9]**всё сильне́е и сильне́е** more and more strongly — [10]**шум** noise — [11]**засыпа́ть/засну́ть** to fall asleep
[1]**ми́дия** type of mussel — [2]**оста́ток** trace — [3]**ло́дка** boat

Саша искал наживку[4] для рыбы. Он лежал на камне и смотрел в воду.

И вдруг он увидел зелёные раковины.[5] Мидии!

Саша снял быстро куртку, рубашку, а потом и майку. Из неё он сделал мешок[6] и с этим мешком вошёл в воду. Вода была холодной, но он этого не замечал. Мидии сидели крепко на камнях. Надо было с силой отдирать[7] их с места. Саша выбирал самые крупные . . . С большим трудом он вытащил тяжёлый мешок на берег. От холода он не чувствовал ни ног, ни рук. Солнце пригревало. Саша сел на тёплые камни. Он вспомнил, как отец впервые принёс мидии . . .

Отец поставил ведро[8] с мидиями на плиту[9] и сказал:

„Саша, если хочешь попробовать, то помогай!"

„А что делать, па?"

„Быстро в магазин и купи килограмм помидор!"

Когда Саша вернулся, запах[10] в квартире был ужасным. Над ведром поднимался пар.[11] Мидии шевелились[12] и открывались одна за другой. Когда все они открылись, папа поставил ведро на стол. Потом они сидели и ели розовое мясо мидий с рисом и жареными[13] помидорами[14] . . .

Теперь надо было собирать дрова[15] для костра. Саша пошёл к лодке. Он знал, что лодки покрывают краской[16] несколько раз, чтобы вода не проходила.[17] Значит, доски должны быть сухими. И, действительно, когда Саша надрезал[18] ножом первую доску, она была сухой. Он был очень рад этой находке. Сейчас для него самым важным были дрова. Голодный и усталый[19] он собирал на берегу всё, что могло гореть. Несколько раз он садился на камни, чтобы отдохнуть . . . Доски горели отлично. На угольках[20] жарились мидии. Саша взял одну из них и увидел там замечательный кусочек[21] мяса!

В этот день он наелся[22] так, что у него заболел живот.[23]

---

[4]**наживка** bait — [5]**раковина** shell — [6]**мешок** sack — [7]**отдирать/отодрать** tear off — [8]**ведро** bucket — [9]**плита** stove — [10]**запах** odor — [11]**пар** steam — [12]**шевелиться** to move — [13]**жареный** fried — [14]**помидор** tomato — [15]**дрова** firewood — [16]**краска** paint — [17]**проходить/пройти** to pass through — [18]**надрезывать/надрезать** to cut into — [19]**усталый** tired — [20]**угольки** coals — [21]**кусочек** little piece — [22]**наедаться/наесться** to eat one's fill — [23]**живот** belly

# Рыба́лка[1]

У́тром Са́ша реши́л пойти́ лови́ть ры́бу. На крючо́к он насади́л большу́ю ми́дию и вошёл в во́ду. Почти́ сра́зу кто́-то схвати́л[2] крючо́к. Са́ша вы́тащил из воды́ ле́ску и уви́дел огро́много[3] кра́ба. А ми́дии на крючке́ не́ было. Краб упа́л обра́тно в мо́ре. Он сно́ва насади́л ми́дию на крючо́к, сно́ва опусти́л ле́ску в во́ду. Опя́ть кто́-то схвати́л крючо́к, но так, что Са́ше чуть не[4] упа́л в во́ду. Опя́ть висе́л краб на ле́ске. Са́ше не хоте́лось соревнова́ться с кра́бами и корми́ть их ми́диями. Он верну́лся к пала́тке.

Прошло́ шесть дней, почти́ неде́ля, а Са́ше каза́лось,[5] что э́то был то́лько оди́н дли́нный день с небольши́ми переры́вами[6] на сон[7] ...

# Мой бе́дный[1] оте́ц

Ве́чер был тёплым. Круго́м[2] бы́ло ти́хо. Костёр горе́л почти́ без ды́ма.

Ря́дом с ним лежа́ли на ма́йке жа́реные ми́дии. Са́ша лежа́л на матра́це у вхо́да в пала́тку и смотре́л на звёзды.[3]

. . . Что сейча́с де́лает мой бе́дный оте́ц? Он, наве́рно, ду́мает, что я утону́л.[4]

Са́ша предста́вил[5] себе́, как ка́тер пришёл на ста́нцию, и все в

---

[1]**рыба́лка** fishing — [2]**схва́тывать/схвати́ть** to grab — [3]**огро́мный** huge — [4]**чуть не** almost —
[5]**каза́ться/показа́ться** to seem — [6]**переры́в** pause — [7]**сон** sleep

[1]**бе́дный** poor — [2]**круго́м** all around — [3]**звезда́** star — [4]**утону́ть** to drown — [5]**предста́вить** to imagine

тот же день узнáли, что егó ужé нет на свéте. Все жалéют[6] отцá. В шкóле вы́черкнут[7] егó фами́лию из клáссного журнáла, и скóро все забýдут о Сáшке Барашé. А потóм совсéм не бýдут говори́ть о нём . . .

Нет! Меня́ найдýт. Обязáтельно[8] найдýт.

Костёр! Нáдо сдéлать огрóмный костёр, чтóбы получи́лось мнóго ды́ма.

Он дóлжен дыми́ть[9] день и ночь.

# Одинóчество[1]

Сáша нáчал относи́ться[2] ко всемý óчень спокóйно. Найдýт — хорошó, не найдýт — ну и что? Ничегó не сдéлаешь. Нáдо дéлать своё дéло на э́той планéте. Тебé данá жизнь, тебé онá нрáвится, и не хóчется так прóсто расстáться[3] с ней. Поэ́тому дéлай всё, чтóбы сохрани́ть[4] себé жизнь. Кто мóжет её отня́ть?[5] Здесь на óстрове — тóлько прирóда[6] и болéзнь.[7] Сáша собирáл дровá, — поддéрживал[8] огóнь в кострé и был рад кáждому, тёплому дню без дождя́. Он научи́лся дéлать огóнь не хýже первобы́тного человéка, и он пóнял однý интерéсную вещь:[9] кáждая рабóта, когдá её не знáешь, кáжется трýдной. Сначáла нáдо обдýмать[10] кáждое движéние.[11] Чáсто дéлаешь то, что не нýжно. Чáсто дéлаешь оши́бки,[12] но потóм рýки привыкáют[13] . . ., и тогдá всё станóвится не трýдным.

Вéчером Сáша сидéл у кострá и тосковáл[14] от одинóчества. Он грóмко[15] расскáзывал сам себé, что зáвтра бýдет дéлать, вспоминáл мáльчиков и дéвочек из его клáсса.

---

[6]жалéть/пожалéть to feel sorry for — [7]вычёркивать/вы́черкнуть to cross out — [8]обязáтельно definitely — [9]дыми́ть/надыми́ть to smoke

[1]одинóчество loneliness — [2]относи́ться to relate to — [3]расставáться/расстáться to part — [4]сохраня́ть/сохрани́ть to preserve — [5]отнимáть/отня́ть to take away — [6]прирóда nature — [7]болéзнь illness — [8]поддéрживать/поддержáть *here:* to feed, keep up — [9]вещь thing — [10]обдýмать to think through — [11]движéние movement — [12]оши́бка mistake — [13]привыкáть/привы́кнуть to get accustomed — [14]тосковáть to be sad — [15]грóмко loudly

# Та́ня Нефёдова

Са́ша дружи́л с Та́ней Нефёдовой.

Когда́ Са́ша с роди́телями прие́хал на океанологи́ческую ста́нцию и поступи́л в четвёртый класс, пе́рвый челове́к, с кото́рым он познако́мился, была́ Та́ня. На второ́й день по́сле уро́ков подошла́ к нему́ ма́ленькая черноволо́сая[1] де́вочка и спроси́ла:

„Ты отку́да?“

„Из Петербу́рга, — отве́тил Са́ща. — А ты?“

„С Аму́ра. — отве́тила Та́ня. — Ра́ньше мы жи́ли в Хаба́ровске.“

„Ты бу́дешь расска́зывать мне про Петербу́рг, хорошо́?“

Ве́чером того́ же дня семья́ Бара́ш пока́зывала ей фотогра́фии с ви́дами их родно́го го́рода и расска́зывала о Не́вском проспе́кте, о Зи́мнем дворце́, о Пу́шкине . . . и мно́гом друго́м.

Та́ня сказа́ла, что Са́шины роди́тели бу́дут пла́вать на ка́тере, кото́рый во́дит[2] Фёдор Ива́нович, её оте́ц.

„Он пла́вает от Шанта́р до Владивосто́ка. Е́сли он уйдёт в мо́ре, то, как пра́вило,[3] на неде́лю.“

„А ты остаёшься[4] с ма́мой?“ — спроси́ла Та́ню Са́шина ма́ма.

„У меня́ нет ма́мы,“ — сказа́ла она́.

„Кто же тебе́ гото́вит обе́д?“

„Я сама́. Я уме́ю всё де́лать — вари́ть,[5] жа́рить,[6] печь.[7] Па́па даёт мне де́ньги, и я веду́ хозя́йство[8] сама́.“

Са́шины роди́тели посмотре́ли друг на дру́га.

Ско́ро Та́ня ста́ла необходи́мым[9] челове́ком в семье́ Бара́ш. Когда́ её отца́ не́ было до́ма, она́ все вечера́ проводи́ла у них: помога́ла ма́ме убира́ть[10] ко́мнаты, гото́вить . . . По́сле уро́ков Са́ша и Та́ня де́лали вме́сте дома́шние зада́ния.

Са́ше нра́вилось, что Та́ня не ху́же его́ пла́вала, люби́ла ходи́ть в го́ры, на соревнова́ниях она́ получа́ла лу́чшие при́зы. В шесто́м кла́ссе она́ уже́ сама́ себе́ ши́ла пла́тья и да́же джи́нсы.

Когда́ ма́ма уиерла́, Та́ня помога́ла Са́ше во всём. Как говори́л оте́ц, она́ ока́зывала на него́ хоро́шее влия́ние.[11] При Та́не он чу́вствовал себя́ бо́лее у́мным[12] и взро́слым.[13]

---

[1]черноволо́сый black-haired — [2]води́ть/вести́ *here:* to navigate — [3]как пра́вило as a rule — [4]остава́ться/оста́ться to stay — [5]вари́ть to boil — [6]жа́рить to fry — [7]печь to bake — [8]вести́ хозя́йство to keep house — [9]необходи́мый indispensable — [10]убира́ть to clean — [11]ока́зывать влия́ние to influence — [12]у́мный smart — [13]взро́слый mature

Ах, éсли бы Тáня сейчáс сидéла со мной здесь, у кострá! — дýмал Сáша.

# Сигнáл

12 дней Сáша собирáл дровá для сигнáльного кострá. Мнóго врéмени ушлó и на пóиски[1] подходящего мéста для негó. Наконéц, нашёл . . .

# Урагáн[1]

Сáша стоял в водé и собирáл мидии. Вдруг он замéтил, что вокрýг былá необыкновéнная[2] тишинá.[3] Нé было прибóя. Такóго ещё никогдá нé было. Сáша отрывáл мидии от камнéй и смотрéл на нéбо. Горизóнт стал чёрно-синим. На сéвере Сáша увидел окрóмную чёрную тýчу[4] с бéлыми краями. Онá становилась всё бóльше и бóльше. Чáйки летáли óчень низко. Водá из бýхты уходила, как бýдто её оттягивал[5] большóй магнит. Бéрег становился всё шире и шире. Сáша стоял как загипнотизированный, смотрéл на ширóкую свéтлую пóлосу,[6] котóрая двигалась[7] на óстров, и не мог понять, что это такóе. Покá он стоял и смотрéл на это чýдо,[8] полосá подошлá к óстрову. Подýл вéтер. Он становился с кáждой секýндой сильнéе. Тóлько сейчáс Сáша пóнял, что нáдо спасáться,[9] и побежáл к палáтке. Когдá он добежáл до палáтки и ещё раз посмотрéл на мóре, наконéц увидел то, что емý было извéстно тóлько из книг . . . Урагáн!

В стá мéтрах от бéрега поднялся окрóмный жёлто-зелёный вал.[10]

---

[1]пóиск search

[1]урагáн hurricane — [2]**необыкновéнный** unusual — [3]**тишинá** silence — [4]**тýча** storm cloud —
[5]**оттягивать/оттянýть** to draw off — [6]**полосá** stripe — [7]**двигаться/двинуться** to move —
[8]**чýдо** wonder — [9]**спасáться/спастись** to save oneself — [10]**вал** wave

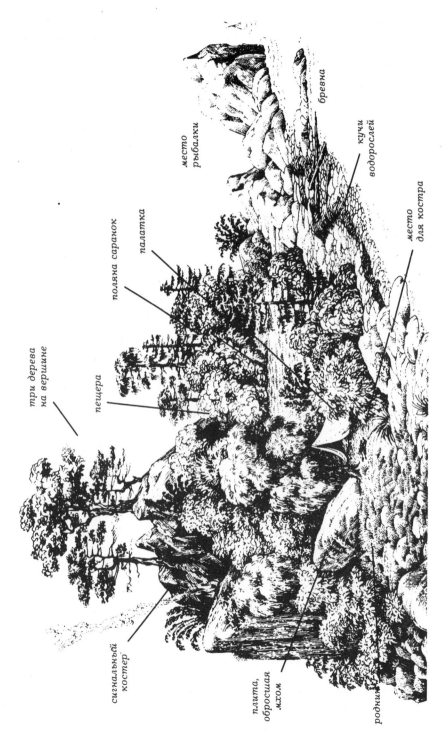

*место рыбалки*

*брёвна*

*кучи водорослей*

*место для костра*

*поляна саранок*

*палатка*

*ручей*

*три дерева на вершине*

*сигнальный костер*

*плита, обросшая мхом*

*родник*

Вода́ реве́ла[11] ни́зким подзе́мным[12] го́лосом. Вал взлете́л над ри́фами и со зву́ком гро́ма[13] упа́л на зе́млю. Под нога́ми у Са́ши вздро́гнул[14] весь о́стров . . .

# Боле́знь

Ве́чером Са́ша заболе́л. Подня́лась температу́ра. Всё те́ло[1] чеса́лось.[2] Ру́ки ста́ли кра́сными и вспу́хли.[3] Есть ему́ не хоте́лось, но он ел мя́со ми́дий, что́бы совсе́м не обесси́лить.

Четы́ре дня шёл дождь. Четы́ре дня Са́ша то приходи́л в себя́, то опуска́лся[4] в холо́дную темноту́.[5] Два ра́за ого́нь чуть не пога́с.[6] Дрова́ конча́лись . . .

# Встава́й

„Встава́й! Слы́шишь? Эй, ты . . . Встава́й!"

Са́ша не реаги́ровал. Он ду́мал, что э́то ему́ то́лько каза́лось. Но вдруг он почу́вствовал, что кто́-то тряс[1] его́ за пле́чи. Са́ша откры́л глаза́ и уви́дел что́-то огро́мное и чёрное . . . Он вскочи́л,[2] но от сла́бости[3] опя́ть сел. В его́ голове́ был шум,[4] похо́жий на шум волн.

Кто э́то? Неуже́ли мне э́то то́лько ка́жется? Нет, не мо́жет быть! Ря́дом с Са́шей сиде́л моря́к[5] в чёрном бушла́те,[6] в чёрной фура́жке[7] с золоты́м кра́бом и говори́л с ним:

„Поднима́йся! Поднима́йся! До́лго мне с тобо́й ещё здесь сиде́ть?! Дава́й встава́й!"

---

[11]**реве́ть** to bellow — [12]**подзе́мный** underground — [13]**гром** thunder — [14]**вздро́гнуть** to shudder

[1]**те́ло** body — [2]**чеса́ться** to itch — [3]**вспуха́ть/вспу́хнуть** to swell up — [4]**опуска́ться/опусти́ться** to sink — [5]**темнота́** darkness — [6]**пога́снуть/га́снуть** to go out

[1]**трясти́/тряхну́ть** to shake — [2]**вска́кивать/вскочи́ть** to jump up — [3]**сла́бость** weakness — [4]**шум** noise — [5]**моря́к** sailor — [6]**бушла́т** pea-coat — [7]**фура́жка** cap

Только сейча́с до Са́ши дошло́: НАШЛИ́!

Он встал, но ничего́ не мог сказа́ть. Обе́ими рука́ми он схвати́л ру́ку моряка́ — ему́ хоте́лось ещё раз убеди́ться,[8] что э́то не сон.[9]

„Ты что здесь де́лаешь? Отку́да ты? Кто ты?“

„Ста́нция . . .“ — сказа́л Са́ша и не узна́л своего́ го́лоса.

„Кака́я станция?“

„Сейча́с . . . Сейча́с . . .“

Моря́к помо́г Са́ше вы́йти из пала́тки. На берегу́ их ожида́ли три моряка́, то́же в чёрных бушла́тах.

„Вот он, тот, кото́рый дыми́л!“

„Кто ты?“

„Бара́ш . . . Са́ша Бара́ш, с океаноло́гической ста́нции.“

„Э́то, наве́рно, тот са́мый . . . уто́пленник[10] . . .“

Оди́н из моряко́в доста́л из карма́на записну́ю кни́жку[11] и перелиста́л её.

„Бара́ш . . . Алекса́ндр Бара́ш . . . Ага́, вот . . . Пра́вильно. Нам сообща́ли со ста́нции, что ты утону́л . . . семна́дцатого ию́ля. А ты — жив. Ну и дела́!“

Моряки́ смотре́ли на Са́шу удивлёнными глаза́ми.

„Так ты, зна́чит, что . . . бо́льше ме́сяца на э́том о́строве? Как же ты жил здесь?“

„Доплы́л . . ., нашёл сара́нки, паруси́ну . . ., лови́л ми́дии . . .“

„А как же ого́нь, спи́чки?[12] Э́то ты разжига́л костры́? Мы не́сколько раз ви́дели дым на о́строве.“

„У меня́ не́ было спи́чек . . .“

Са́ша говори́л, но в голове́ у него́ была́ то́лько одна́ мысль: МЕНЯ́ НАШЛИ́!

„Дава́йте, ребя́та, на борт! — сказа́л старшина́,[13] — Ну, Са́ша, : . . пое́хали домо́й!“

---

[8]убежда́ться/убеди́ться to be sure — [9]сон *here:* dream — [10]уто́пленник drowned man — [11]записна́я кни́жка notebook — [12]спи́чка match — [13]старшина́ officer

# NTC RUSSIAN TEXTS AND MATERIAL

**Book and Audiocassette**
How to Pronounce Russian Correctly

**Russian-Language Courses**
Russian Face to Face, Level 1
Basic Russian, Level 1
Basic Russian, Level 2

**Texts and Graded Readers**
Business Russian
Beginner's Russian Reader
Russian Intermediate Reader
Modern Russian Reader for Intermediate Classes
Russian Area Reader
Everyday Conversations in Russian

**Literary Adaptations**
Trio: Intermediate-Level Adaptations of Pushkin, Lermontov,
    and Gogol
Quartet: Intermediate-Level Adaptations of Turgenyev, Tolstoy,
    Dostoyevsky, and Chekhov

**Annotated Russian Literature**
Six Soviet One-Act Plays
The Inspector General
The Queen of Spades
Asya

**Grammar and Reference**
Complete Handbook of Russian Verbs
Simplified Russian Grammar
Reading and Translating Contemporary Russian
Roots of the Russian Language
Essentials of Russian Grammar
Basic Structure Practice in Russian
Russian Composition and Conversation
Just Enough Russian

**Language Learning Material**
NTC Language Learning Flash Cards
Language Visuals
Songs for the Russian Class

**Duplicating Masters**
Basic Vocabulary Builder
Practical Vocabulary Builder

For further information or a current catalog, write:
National Textbook Company
a division of NTC Publishing Group
4255 West Touhy Avenue
Lincolnwood, Illinois 60646-1975 U.S.A.